暮らしにゆとりをつくります

シンプルライフをめざす基本の家事

はじめに

この本は「シンプルライフをめざす」家事のシリーズ1冊目として、「少ないもので暮らす工夫やものの選び方」、「状況に応じた衣食住の実力を身につけること」、「時間・情報・家計の管理」などをとりあげました。興味のあること、困っていたこと、どこからでもページを開き、「今日から実行」してみてください。それぞれのテーマに自分なりの筋道がたったとき、今までのエネルギーの半分で家事がまわっていく、その気持ちよさは、多くの人が実証ずみです。

編集にあたり、「全国友の会」をはじめ、いろいろな地域、年代の「生活上手」の方々にご協力いただきましたことを、心から感謝いたします。

今、自分らしくすてきな暮らしのスタイルを確立していらっしゃる多くの方たちが、はじめから家事が好きだったり得意だったわけではなく、家庭をもってから真剣にとりくみ、雑用と思っていたことに、もっと大切な意味があることに気づいた、と話してくださいました。私たちも大いに力づけられて、家にもどって家族とあれこれ工夫したりしながら、一冊がまとまっていきました。

家事の機械化、外部化がすすんでも、人がくつろいだり充電するための場を快適に保ちつづけるための仕事は、なくなることはないでしょう。女性も男性も、テーマをもって自分らしく生きる時代、活動の足場となる「暮らし」を、限られた時間と労力で、いかに気持ちよく整えておくか…21世紀もまた、古くて新しいこの課題に、皆さんとともにとりくんでいきたいと思います。

二〇〇三年一〇月　婦人之友社編集部

＊全国友の会は、雑誌『婦人之友』の愛読者から生まれた団体です。現在会員は2万5000人。約250人の方が、家事の本のためのアンケートにご協力くださいました。
＊羽仁もと子（1873〜1957）は1903年『婦人之友』を創刊。「よい家庭はよい社会をつくる」の思想から、合理的で一人一人が自立した家庭の理想を誌上で語り続けました。文中、「著作集」とあるのは『羽仁もと子著作集』（全21巻・小社刊）からの引用です。

家事とは何でしょう［アンケートから］

ときにめんどう、おっくう。でもそれがあることで癒されたり、成長させてもらったり……。
あなたと家事とは今、どんな関係ですか？

ひとことで言えば…

生活を楽しむこと、生きていることを実感できること。

渡辺テルミ（岡崎）

自分自身が、また、家族が気持ちよく生活するために必要な交通整理。相手への思いやり、愛情をそっと入れるところ。

熊　成子（松戸）

家事は科学的であり、合理的であり、物への愛から始まると思います。愛のない家事は労働に過ぎず、疲れたり退屈したりして、楽しくできないのではないでしょうか。

内田治子（川崎）

人としてのいとなみ

家庭は、便利になり合理的になり美しくなることだけが目的ではなくて、そこに家族としての人間的ないとなみがなくてはならず、それは家事という労働で形づくられると信じます。

笠羽巳年子（藤沢）

以前、私は家事は非生産的な仕事と思っていました。が、このごろ家事は家族が元気にくらすためのパテ（つなぎ）のようなものではないかと思うようになりました。今、私は家族、ひいては人類のためのつなぎの大切な仕事をしているのだと思っています。

月花世志子（浜松）

人は一生見える家事をしながら工夫することや気づくことが多く、見えないところまでも成長させてもらえるかと感じている。

菅　美枝子（香川）

家事時間の内訳　20年間の推移

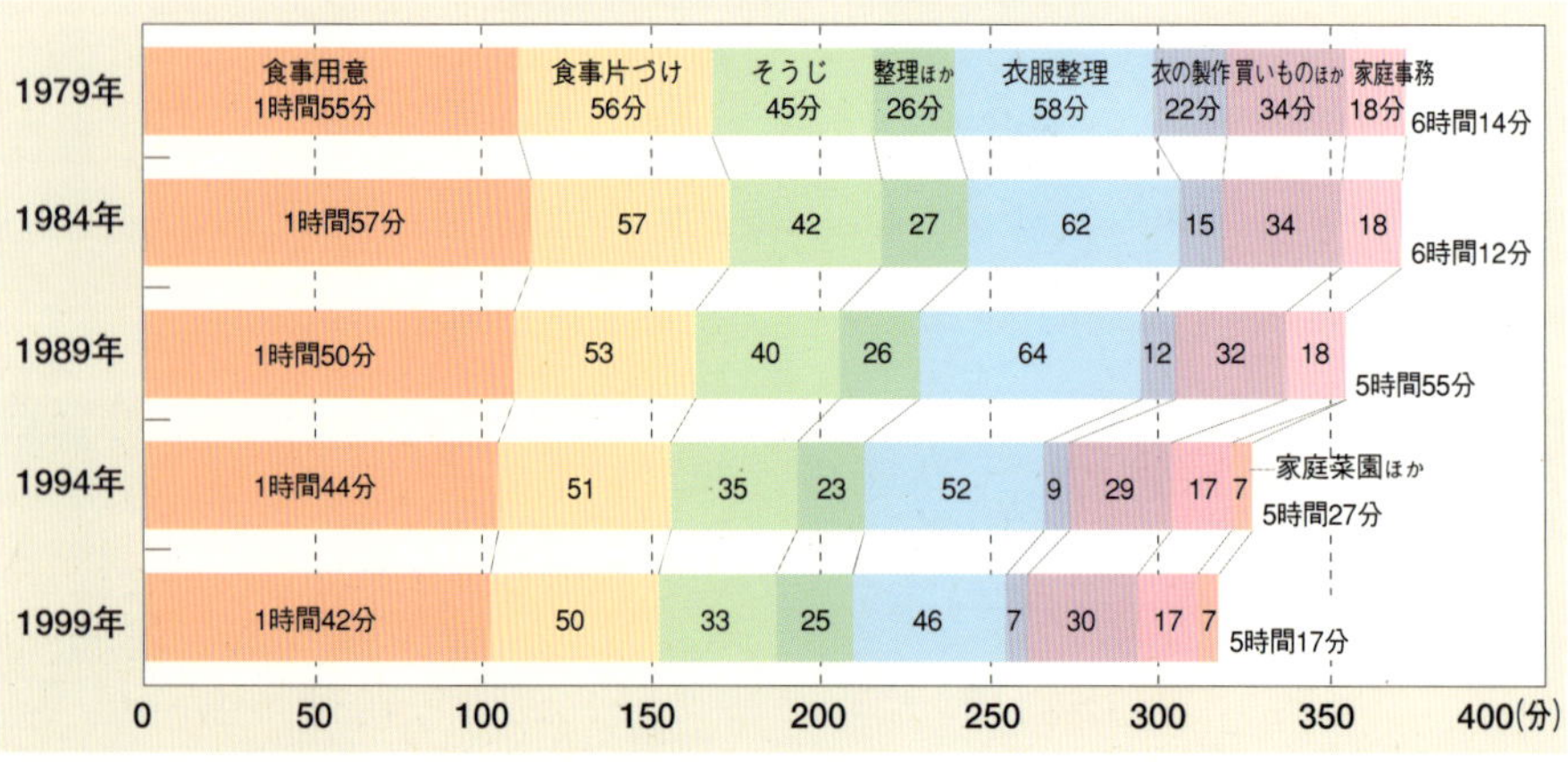

調査項目を比較できる1979年から5回分の家事時間の変遷です。
「衣の製作」の項を筆頭に、この20年で57分の減少でした。

家事上手になるには…

料理、洗濯、そうじ、家計簿と家事はその内容がかなりあり、主婦がすべて完璧にこなそうと思うと、多くの時間と労力が必要です。けれど、そこに目をつぶると、ごみやほこりがたまったという居心地の悪さを感じるだけでなく、家族間の関係までざらざらしてくるように思います。限られた時間ですから、家事能力をアップする努力が大事。自分に合った持続できる方法で……。

小崎ふじの（小樽）

家事のポイントは、時間のつかい方だと思う。特に起きる、寝る、食べるの基本になる時間をしっかり守っていくことで、毎日の家事にリズムが生まれる。

伊藤恵美子（福島）

家事は楽しむ気持ちが大切です。私は友人の家、知人宅へうかがうのが大好きです。一歩はいるとその家の文化が伝わってくる感じです。学ぶこと、教えられることがたいへん多いです。

牧野恵美子（長野）

若いときには、がむしゃらに生活力をつけていく努力が必要だと思うし、少しでも生活力がついたら、時間も生活力も社会につかっていただきたいと考えている。

窪川洋子（松戸）

心の糧

精神的に、ストレスがたまるようなことがあっても、早起きして、食事を食べるべきときに食べ、その後の準備に専念する事でいつの間にか、立ち直っている自分がある。

飯島早枝子（東京）

「力なく哀しき時は小さ事とくに励めとみ霊いう」ということばが著作集（『友への手紙』〝私の家庭観〟）にあるように、台所に立って食事づくりをしたり、引き出し整理も少しでもやることで、心のモヤモヤが解消されることもしばしばです。

北野美津子（帯広）

達成感

何のことも、わが家はよき実験室と考え、家族も巻きこみながら実験し、成果を楽しんでいます。

稲村早苗（札幌）

私の研究室のようなもの。台所で料理をつくり出したり、記録をとったり、窓ガラスもどうするとすっきりするのかためしてみて、考えて、わが家なりに成功した？と感じるときなど、ほんとうにおもしろい。

金井智子（三木）

小さな達成感が、あちらこちらにあります。昨日までの自分が、できなかったことが上手にできた時や、より合理的な家事に気がついたときなどは、自分で、自分をほめたくなります。

松村直子（山口）

１日のつかい方と家事時間（1999年）

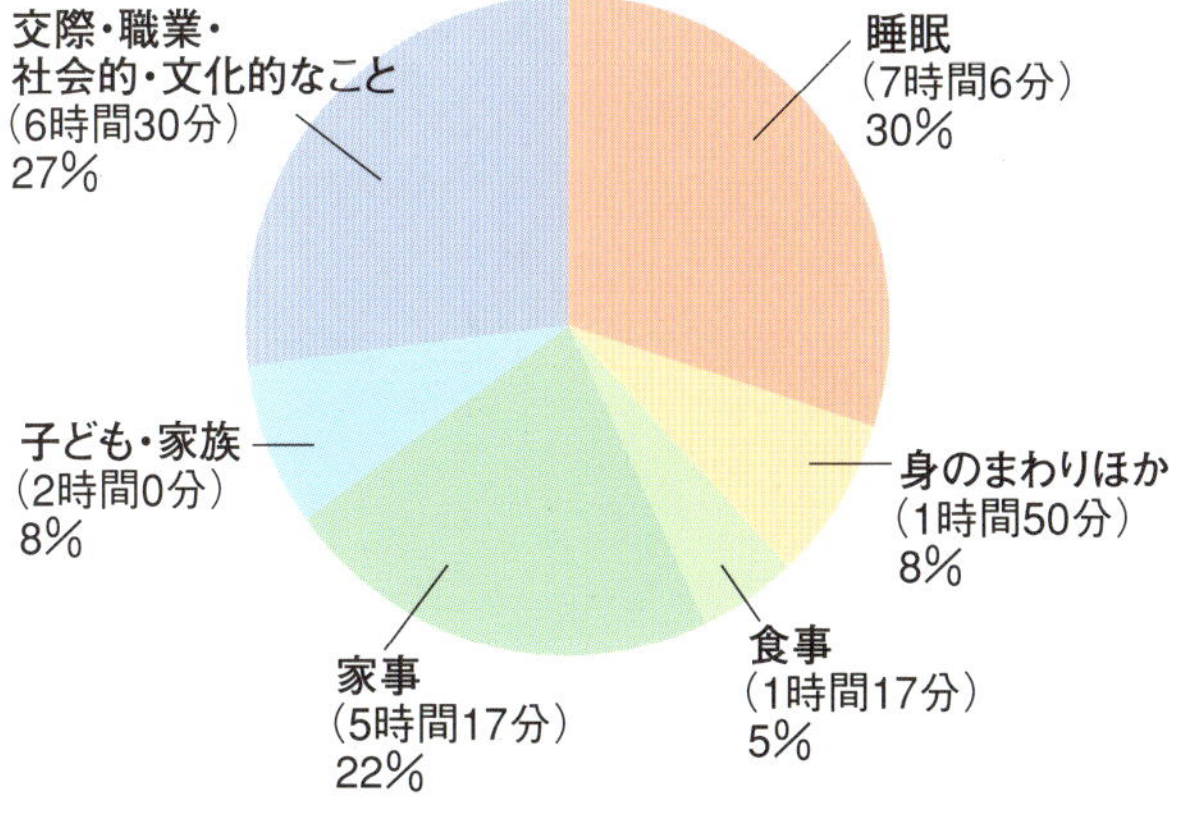

1959年からほぼ５年ごとに行われている全国友の会の「生活時間しらべ」。第９回目の1999年は１万7000人（女性・有職35％）の統計でした。

ものの数を実際に数えてみて「把握」するように、自分の時間のつかい方の実際を記録することは、思う以上にはっきりと生き方、暮らし方を映し出してくれます。

あなたも挑戦してみては？

シンプルライフをめざす基本の家事

[目次]

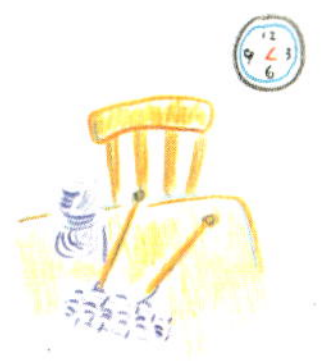

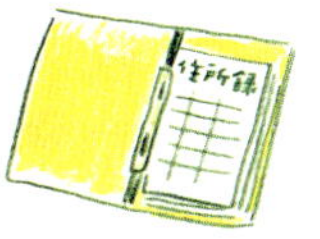

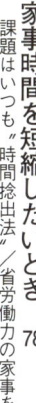

索引

衣

食

住

時間はつくりだすもの

融通無碍《ゆうずうむげ》の家事力をつけましょう

村川協子

家事の創造性と奥深さを、自らの経験をとおして語りつづける。「時間を生かすゆとりの家事」「毎日を生き生きと」「時も物も生かして」などの講演は、年代を問わず多くの人を元気づけている。全国友の会会員。

一日の家事がよいリズムでまわるように考え、工夫することは、ほんとうに生活を大切にすることだと思います。私の生活には「公」（友の会）と「家事」と「自分の時間」があり、いずれもゆずらず、それぞれに予定があります。公の時間が多くなることも多く、家事は短時間で内容よく片づけたい、短くてもいいから私の時間がほしいといつも努力しています。

テープの吹きこみ

庭の手入れ

「朝は静かに」をモットーに

朝は忙しいときと決めないで、ゆったりとした一日のスタートを願って、自由な発想から工夫したことが、私の暮らしによいリズムをつくり、たいへん好調、もう二十年つづけています。

起床5時半、自分で録音した聖書のテープを聞きます。もっと読書の時間がほしいと願っていたとき、将来の自分の視力を考えて吹きこみをつづけていたテープが、早朝の暗がりのベッドの中ででも聞けることがわかり、とても静かなときに恵まれています。

6時〜6時半、夫と散歩。草むらの色など、自然の美しさに立ち止まっては眺めます。ラジオ体操10分をはさみ、朝食とお弁当の用意、朝食7時〜7時30分、片づけ7時45分まで。その後ポイントそうじ（そうじ予定表にしたがって部分的なていねいそうじ）を平均15分。通常のそうじは夕方にし、洗濯も前夜してたたんでおき、朝は干すだけ。8時半が朝仕事の幕引きです。

外出の多い日々、ゆとりをもっていたいので、朝の「家事時間」と「自分の時間」を大切にしています。そうすることで、惜しみなく日中の公の時間も過ごせるのです。

ミシンししゅう

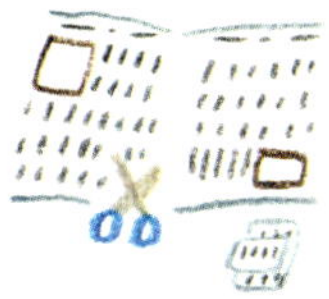

新聞切りぬき

家事の能率を上げるには、生活リズムをととのえることです。休息、栄養をとって体力やエネルギーが充実してくると宝の山が見えてくる——すなわち生活が発見や発想の源になるのです。

「今は無理…」と思わずに

若いころ、見聞きしたことをいいと思ってやってみても、つづかないことがありました。それは型をまねて型どおりにしてみたからではないかと思います。家事時間の内容、そうじの仕方など、人と比べるのではなく自分は本当にどうしたらいいのかと考えてすることが大切です。

家庭の歴史の中にはいろいろな時代がありますが、今は無理と思うときでも、一つでもやってみることです。五十年ほど前、子ども二人の育児期のこと。私は子どもといっしょにゆっくりする時間をえらんで、親子の買いものタイムをやめ、まとめ買いをはじめました。その結果、冷蔵庫もない時代に、練りこみ（挽肉と刻み野菜を炒めたもの）や手軽にできるピーナツバターやレバーペーストなど、内容、手間ともに研究し、子どもの食事まったなしのとき、便利につかったものでした。

転勤で引越もたびたびしました。さまざまな住居で必要な持ち数やおき場所を決めたり、機能的にしまったり、与えられた境遇を最高に生かして工夫していた時代が、とてもおもしろかったのを思い出します。

子育てにつづいて、老人看護の時代も十三年間経験しました。最後の三年半は午前の清拭をすませて大洗濯がお昼までかかるような暮らしでしたが、午後になると機を織りました。仕事を切りかえて気分転換をはかり、心安らかでした。機のそばで煮ものが仕上がり、すぐ夕食の展開。重ね仕事のおもしろさも、環境が導いた学びでした。

時間を生かすために

公のことは日程も時間も決まっていますが、家事と自分のことは時間のつかい方、仕事の仕方、えらび方に工夫が生きます。たとえば、朝を静かにと望んだのと同じよ

私の早仕事
食事片づけ18分、お盆で運ぶようにしたら14分に

機織り

草花のスケッチ

うに、外出の多い週でも衣服の制作をと望めば、次のようないろいろな工夫が生まれます。

・先手仕事で食のまとめ買い、下ごしらえ、食材ストックをし、毎日の調理時間を縮める

保存食材は仕上げも早く、時間を生かす第一歩。先手仕事がしてあれば、仕事はすでに七分どおりすすんでいるのだと思います。

・日常の家事をためない
・集中仕事による能率アップ
・重ね仕事でゆとりを

煮ものやパン発酵はタイマー利用で失敗知らず。あわせて次は何をすると考えておくことによって、次の仕事も調子よく運びます。

・手早い仕事

小さな工夫で短時間に間に合うことがあります。早仕事こそ家事運営の油差し。

自分の望む暮らし方を

自分のしたいこと、願ったことができるようにと考えたことを行ってみると、なるほどと思うことがあります。現状をよく見て工夫してみると、思いがけない道が備えられていたり、可能となるやり方がかくれていたりします。工夫が習慣になると、ものと時間が生かされ、生活にゆとりが生まれます。つくづく時間はつくりだすものと思います。「暇になったらしよう」と思っていることは、時間ができてもしないもの、望んでいないのと同じです。

公の時間に人と交わり、私の小さな力も用いられ、家事もリズムにのって予定を追っていきます。自分の時間に手がける生活工芸は、私にとって何よりのくつろぎと楽しみで、無心になってスケッチをし、糸を紡いで機を織り、切り絵にとりくむ…どれも新たな力を得るひとときです。

※上段のイラストは村川さんの合間仕事から

見落としに気づいたのも新たな発見
来訪した長女がスイッチとノブを拭くとピカピカに。私のそうじに「見ていて見えない点」があることに気づき、早速予定表に加えました。両手のミトン雑巾で拭きまわると6分で終了。

生活誌

私のシンプルライフ

私のシンプルライフ

「気持ちいいですよ、ガラクタのない家」

井田典子（43歳・相模原）

平日の午後は自宅で学習教室を開き、1回に20〜30人ほどの小学生をみる。友の会活動、趣味のヨガ、バレーボールなども楽しんでいる。家族は会社員の夫40代、長男中3、長女中1、次男小2の5人。

家事の中で一番楽しいのは草花の手入れ、無心になれるひとときです。春には、アーチに這わせたクレマチスの可憐な花が楽しめる。

次男や、学習教室の子どもたちがちょっと遊ぶときにつかうものはソファーの下に。スッと引き出し、終わったらしぜんにもどす習慣がみんなについている…。

「時間の使い方は、その人の生命《いのち》そのものの使い方である」――20年前、友の会に入って最初に耳にした羽仁もと子先生の言葉は、ずっと心の中で光を放っています。子どもが授かるのを待ちわびながら働いていた5年間、3人の子育てを楽しんできた14年間、そして末の子も学校に上がり仕事を再開して1年、「私」「家族」「社会」に関わる時間は刻々と変化してきました。

どんなときも二度と帰らない〝今〟を大切にしたいと思うと、しぜんに時間のバランスが決まってきます。子どもが小さいときは当然「私」の時間が減りましたが、子どもに必要とされている幸せも与えられました。友の会という窓から「社会」を眺めているうちに子どもは成長し、いつの間にかまた「私」の時間はもどってきました。少しずつ「家族」との距離を計りながら「社会」に関わる時間を増やしていける自由を味わっているところです。（p.68に予定表）

小さな住まいが教えてくれた〝モノを多く持たない〟暮らし

さて、家族の器ともいえる住まいですが、私たち夫婦のスタートは2Kの古い借家でした。２DKのアパート、３DKの団地、そして今の４LDKと移り住み「贅沢でなくとも、こざっぱりした空間」を心がけてきました。狭い家に住んだことは、なによりの訓練になったと思います。わが家にいらした方がよく「ガラクタはどこに隠してるの？」と不思議がりますが、ガラクタとは一体なんでしょう。どんなモ

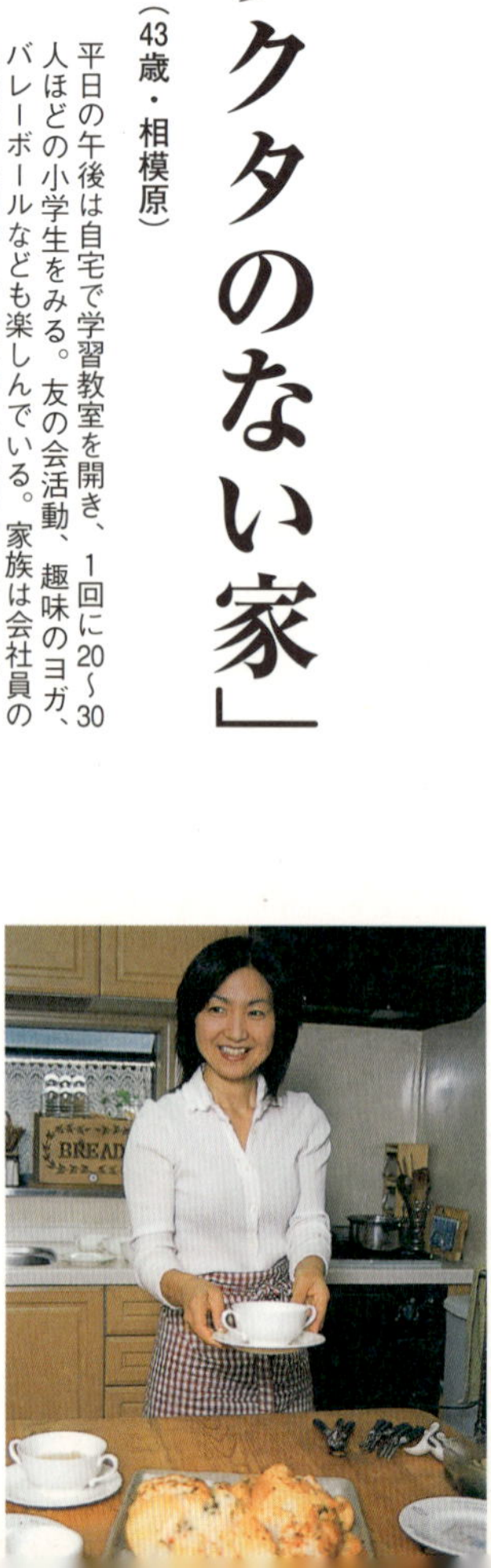

朝食用のパンを手づくりにして20年。笑顔と元気を家族へ送る、私の思いもこめて。

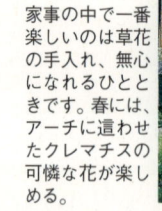

“リセットされた”わが家のLDK。無駄なモノを持たない心地よさを、ここから発信しつづけたい。色のトーン、テイストを床面にそろえ、ダークブラウンだった中古のダイニングテーブルは、サンダーをかけてナチュラルブラウンに。

ノでも「安いから」「ちょっとかわいいから」「あったら便利かも」と理由をつけてWelcomeすると、つかわなくなった瞬間からガラクタと呼ばれてしまいます。家族5人が1日1個、ちょっとした油断でモノを入れてしまったら、1年で1825個にもなってしまうのです。そう広くない家ですが、こざっぱり感をキープするために意識していることを挙げてみます。

すっきり暮らすわが家の3カ条

①リビングダイニング、和室のある1階は公の場所と考えています。1日の終わりには各自私物を2階の部屋にもどします。リセットを習慣化することで、子ども心にも「すっきりして気持ちいい」という感覚が身につくように思います。

②ストックは最低限に。たんす、押し入れ、引き出し、冷蔵庫、物置、下駄箱など、扉の中に入っているものが頭に描けるだけの分量にしておくと、買いすぎてあふれることもありません。もうつかわないと思ったら長居は無用、できるだけ早くつかってくれる人に譲るか、リサイクル、処分とします。

③目に入るモノは、本当に「そこにあるべきモノ」なのか、色や配置に違和感を感じないか、することに集中できる空間であるかを考えています。人の出入りの多いのは適度に緊張感をもらえるので、なによりの薬になります。

「片づける」ことは「心の内が片づくこと」といわれています。次のことがすぐにはじめられる状態こそ、心に落ち着きと活力を与えてくれると信じて、また今日も気になる引き出しをひとつ、整理してみましょうか。

洗濯・洗面・脱衣所。収納ケースには家族の下着と、消耗品の在庫を。かごは、洗濯するものを入れる一時おき場として使用。

子どもとの交換ノートや、子ども宛ての手紙は、ファイルを決めて大切に保管している。

私のシンプルライフ

みんなでわが家を制作中

オバーン京子（40歳・東京）

英国出身でグラフィックデザイナーの夫40代、長女7歳、長男2歳の4人暮らし。子ども中心の生活に、教会、友の会活動も。

バースデーカード、クリスマスカード、子どもの絵、家族の写真など、リビングの壁はいつもにぎやか。リボンを渡し、カードをかけていく。ピンナップ役は夫。

結婚10年を迎えた私たちが今の住まいに入ったのは、夫が日本永住権を獲得できた5年前。彼が最初に住んだ思い出の地、原宿に築25年100㎡の、私たちでもなんとか手の届く中古マンションが見つかったのです。

大きなリフォームはせずに入居。子どもたちに目が届くようにと、ダイニングを中心に南北に位置する2つの個室のドアをとり払い、3部屋をワンルームにしました。そうして、家の中心のダイニングテーブルから四方を眺めて1年も暮らすうちに、この家になにをすべきかがわかってきました。

「わが家らしさ」を色で表現

わが家らしさ、自分たちらしさを表現したいと夫婦で話し合い、まずは古い壁紙の上から塗装にとりかかりました。ダイニングとリビングは夫の生家のキッチンと同じマスタードイエローに。長女の寝室は、ベビーピンクとサーモンピンクの中間色、クローゼットの扉はシルバー。コンセントとモニターフォンはメタリックグリーンで仕上げました。幼いころからDIY技術や感性を培ってきた夫にとっては、腕の見せどころ。このペイントの色は納得のいくまでえらび、特注しました。額装やカーテンづくりは、私の担当。長女がつくったものや絵で、玄関や部屋を飾りました。

お菓子づくりが大好きな娘。借りてきた本からつくり方を書き写し、自分のレシピ帳（写真左手前）をつくることも。

娘が5歳のときに描いたカーテン。私たち家族の歴史を物語ってくれる大切なもの。「次回作は…？　いつ、どんなときでしょう」と話に花がさきます。

北側の小さな子ども部屋からおもちゃを持ってきては、リビングで遊んでいた。それならいっそのこと「リビングを子ども部屋にしたら…」と思ったのが、この間どりになったきっかけ。おもちゃを共有して遊ぶ娘のモイラと息子のデイ。

子どもと合作したカーテン

長女が5歳になったとき、明るいリビングを子ども部屋にと変更しました。小学校入学前の夏休み、私は2人目を妊娠して外出もままならない日がつづきましたが、それでもなにかよい思い出をと、長女といっしょに子ども部屋のカーテンづくりをすることにしました。大きな白い布3枚と布用塗料を用意し、絵の好きな長女に「思いっきり描いて」と提案、〝カーテンの日〟を幾日かつくりました。生まれてくる赤ちゃんのためと言いながら、楽しい美しいと彼女が感じたものを次々に描いていきました。長女にとって、でき上がったときの喜びはまた、姉になる自信にもつながったようでした。

住み方はフレキシブルに考える

今後は、ゆとりのあるバスルームをコンパクトにし、その分子ども部屋を広げ、最終的には2つに分ける計画を立てています。今は子ども中心の間どりですが、住まいは、どう暮らしたいかによって、フレキシブルに変えていくものだと考え、楽しんでいます。

教会や友人知人など、人と人との中継地点のようなわが家ですが、暮らし方の合理化だけでなく、互いの生活を思い合いながら、ものも心も生かせるようにと考えています。自分たちらしくとつくってきた場所ですが、暮らしの流れを思うと〝人との関係なくして、自分はあり得ない〟と改めて思う日々です。

ダークグリーンの玄関、海をイメージしたトイレを塗装するころにはだいぶ腕も上がった。

私のシンプルライフ

忙しくても心のゆとり、家族の笑顔

加藤真理（31歳・和光）

国際協力関係の銀行にフルタイム勤務。会社員の夫30代と長男3歳の3人暮らし。通勤時間は約1時間。

休日は、家族が揃って過ごせる大切な時間。天気の日は公園へ。今、息子は自転車に夢中、親も体を動かし気分爽快！

中学1年から4年間、父親の仕事の関係で南アフリカでの生活を経験し、大学卒業後は、世界に連なる仕事をしながら子育てとの両立もしたいと、今の職場をえらんだ。出産後1年の育休を経て復帰。夫は出張が多いため、子どもの登園とお迎え、帰宅後の夕食用意、洗濯、入浴、寝かしつけ、残りの家事と、ほとんどを1人でこなす日々。「子どもと過ごせる大切な時間をきりきりしていたくない」と、家事の省力化、合理化を実践してきた。そして今も、少しでも心と時間のゆとりを持ちたいと模索中だ。

洗濯、そうじの工夫

洗濯にともなう作業はどちらかというと苦手。干さなくてはならない洗濯ものを気にしながら子どもと接したり、寝かしつけながら眠ってしまうこともしばしばあり、精神的にも体力的にもきつかった。なんとか1年ほどがすぎたころ、ふだん家事を手伝えない夫が「乾燥機つき洗濯機にしたら…」と背中を押してくれ、導入。時間の節約だけでなく、山となった「片づけるべきもの」による精神的なプレッシャーがなくなり、子どもともゆったりと向き合えるようになった。電気代もそれほど増えず、ホッとしている。

ぜん息のある息子にとって、ほこりは大敵。はたき、モップ、ハンディクリーナーの3種を手の届くところにおいている。ちょっと手をのばせば、こ

過去の支出をもとに予算を立てた、夫婦合作の家計簿で家計管理。収支の状況が把握でき、安心して暮らせる。

できるだけ体にいい食材でととのえたい…　手前から時計まわりに、ひと口サイズが食べやすい「とりの梅しそ揚げ」、体の温まる「野菜ゴロゴロスープ」、乾ひじきをポンと放りこんで炊いた「ひじき入り雑穀ごはん」、息子の大好物「めかぶ納豆」、素材の味を楽しむ「オクラの塩茹で」、欠かせない豆「五目大豆」。

部屋に漫然とおもちゃを広げるのでなく、テーマごとにコーナーをつくり遊べるようにする。工作や読書は椅子と机のコーナーで。

ま切れ時間でまめにそうじができ、疲れて気力がなくともきれいにできるのがポイント。夫の協力も得やすいかなと期待しつつ！

大切な「食」にはこだわって

「食」は、家族の心身の健康にストレートに反映するので、家族そろって食卓を囲める回数は少なくても、大事にしたいこと。子どものアレルギーも考慮し、安全性と質の高い食材や調味料を求めている。安心なうえ、野菜などはあまり手を加えない方がかえって美味、時間の節約にもなる。電子レンジやジャーの代わりに、蒸し器や圧力鍋をつかっているのも小さなこだわり。だしは、水に昆布や干ししいたけを入れて冷蔵庫につくりおき、煮ものや汁ものにたっぷりつかう。趣味の陶芸でつくった器に盛りつけ、楽しく心豊かに食べられるようにと願っている。

どんなに時間を工夫しても、体力と気力がなくてはやっていけない。

〝seek and you shall find（求めよ、さらば与えられん）〟――今の自分を支える原動力や前向きな思いは、海外生活の中で得たところが大きい。保育園の役員、陶芸教室や職場の合唱部幹事をつい引き受けてしまうのも、なにかを創り上げる過程と達成感があるから。こうありたいという気持ちがあれば、工夫次第で家族や自分の時間を創り出せるはず。自分のえらんだ道を信じて、こなすだけでない、心豊かなワーキングマザーになるのが今の自分の目標だ。

南アの思い出がつまった大切な宝ものたち。スティンクウッドのブックエンド、木でできた一輪挿し、地層を残した削り出しの小もの入れ、石製のゾウ、小動物のツノ。

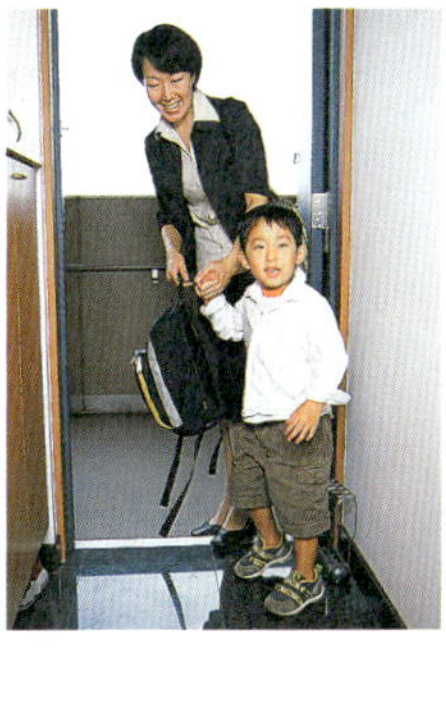

朝は私と息子で保育園へ。私の元気が、子どもの笑顔を引き出す。

私のシンプルライフ

家事と向き合い、筋道のある生活へ

前田久美子（46歳・高松）

ピアノ教師、サッカークラブ指導補助、田畑の手伝いと、一人何役もこなす。遊学中の息子2人にかわって、高3の下宿生が、家族同然に暮らしている。

私たち夫婦の故郷であるここ、高松にもどって12年。夫の生家（農家）の敷地の並びに、小さなグラウンドをつくってはじめたサッカークラブも、まずまず軌道に乗り、私は夫の仕事を手伝うかたわら、週6日、近所の子どもたちにピアノを教えています。

家事は家族の生活の土台、どんなふうに暮らしが変わってもそれを根っこで支えています。手をぬくことを考えていると、一生家事から逃げなくてはならず、またいくら時間をかけても、そこに明確な方針がなくてはその場限りのつじつま合わせに過ぎません。同じするなら好きになろうと試行錯誤し、夢中になってやってきたことが、生活の幅を広げ、力になりました。

週単位のプランで暮らしがまわる

役割の多い私の生活を支えてくれる家事のポイントが3つあります。

ひとつは「機能集中」。キッチンには洗濯機、そうじ道具やストック品の置き場所をつくりつけ、わが家のコントロールタワーに。2階には洗面所・シャワー室、衣類整理室（p.64）があり、身づくろいが手間なくできます。

ふたつ目は「仕事に流れをつくる」こと。朝なら、起床―トイレ サッとそうじ―洗面、タオル交換―身じたく―牛乳を飲む―米をとぐ―弁当朝食の手順確認……とすすみます。「ごみを出したら玄関をひと掃き」「外から帰ったときにくつ

74歳の義母は田畑の管理をしながら別棟で暮らしています。5月の苗代づくり、6月の田植え、10月の稲刈り、もみすり、出荷の時期は、母を先導に夫と私で機械も動かします。

サッカークラブの子どもたちとコーチの夫。週2回は私もグラウンドへ立ちます。収入は不安定ですが、しぜんに夫と会話も増え、理解しあえることが何より。

愛用の台所用品。多用途につかえるステンレス多重層鍋、魚がおいしく焼ける電気グリル、保温機能なしの炊飯器、ステンレスポット、ガラスの保存容器。

を拭く」など、「後で」、と思わずしぜんな流れの中でしてしまう工夫も大切です。

3番目に、週単位の基本プランを持っていること（下表）。朝食、お弁当、夕食の主になるものが決まっています。夕食の主菜が魚の月曜は魚屋へ、ひき肉料理の火曜は肉屋へ……と1日1軒ですませると、買いものの片づけも早くすみます（野菜は自家産、その他のものはスーパーで）。洗濯、そうじも曜日ごとの大まかな予定を組んでいます。

家事はリフレッシュタイム

このほかに、小さなものにもおき場所を決める、収納場所やものを増やさない、整然と並ぶこと、使いやすいこと、理にかなうことをいつも考え、そうじ、ものの管理に時間をとらない工夫をしてきました。家にも住まい方にも、わが家らしさと愛着を強く感じています。

今、家事は私のリフレッシュタイムとも思えます。義務ではなく、自分の生活を自分で創りだしているという実感がもてたとき、かけがえのない家族との暮らしへのいとおしさもわくのではないでしょうか。

ピアノの生徒たちと。楽譜を通して音を音楽へとつくりあげていく作業は根気がいり、現状では15人が精一杯。前後に必ず準備の時間をとります。

家事のほとんどがこなせるキッチン。折り戸をあけると洗濯コーナーがあり、勝手口は外の物干し場とつながっています。

1週間の過ごし方の基となるもの

	月	火	水	木	金	土	日
朝食	パン	ごはん	ごはん	パン	ごはん	ごはん 実だくさんのお汁	ごはん
弁当	牛肉	鶏肉	豚肉	ひき肉	鶏肉		
夕食	魚（芋）	ひき肉（海藻）	牛か鶏	魚	中華 ごはん物 めん類 鍋物	魚	豚
外出	銀行・他	友の会	友の会		友の会		
買い物	魚屋	肉屋	スーパー	魚屋	宅配・スーパー	魚屋・酒屋	スーパー
そうじ	2F ピアノ室 納戸 1F トイレ	階段・廊下（ぞうきんがけ）	2F 洗面所 シャワー室	1F 台所 リビング	階段・廊下（ぞうきんがけ）	（台所）	玄関

私のシンプルライフ

簡素でありたい、自分らしくありたい

高橋 美穂（56歳・長野）

60代の夫と2人暮らし、息子2人は独立。30歳で友の会に入会、有職の7年間を経て、今は母の介護にも通う傍ら、庭仕事などを楽しむ。

庭のブラックベリーやルバーブなどをジャムやソースに。二人暮らしの今は20ビンもあれば充分、プレゼントにも。持ち数は――新しいものを決めるときは、ほんとうに必要なものなのか、家計と自分の心に聞く「時間」が必要。

十年前、思いがけない夫の転職で、私はささやかな職業に就きました。パートタイムからフルタイムへと変わりながら、遺跡発掘の報告書づくりの補助員として働きました。

出土器洗うパートの我の手にふれぬ千年の昔の木葉のあとが

そのころ、婦人之友の生活歌集に投稿した短歌です。仕事をしながら多くの時空を超えた遺物にふれたときの心のときめきは、今も忘れ難く心に残っております。

職業をもった当時は環境の変化に対応しようと、身体も心も緊張した日々をおくっていたと思います。そして七年後、遊学していた二人の息子たちもそれぞれ社会人となり、入退院をくり返していた実家の母との時間を大切にしたいと思い、職を退きました。今は気掛かりだった母の所へ通うことや、友の会へも出席できる生活となりました。

有職の間、家庭のことが思うようにできていないという負い目がいつもありましたが、少し月日がたってみると、夫とともに精一杯働いた日々を大切に思えるようになりました。同時に、私が必要としている暮らしが何か、私と私の家庭が何に価値をおいて暮らしていきたいのか、あらためて問われている気もいたしました。

今、私は日々の家事は私にとっての生き方だと思っています。健康でいられる限り、小さなことにもこの手と身体と心を向けて生活を造っていくことは、私の魂のことにまで及ぶことと実感するからです。簡素で心豊かな生活こそこれからも憧れ

そばにおいて暮らしたいもの――居間にある母の書いた掛け軸、夫の趣味の写真、友人手作りのお雛様、叔母愛用の長火鉢など一つ一つが愛着のあるもの。クッションは母の古い着物から手づくり（Pinkyを膝に）。

母の書と叔母の長火鉢

続けていきたいと思っています。

ふだんの暮らしにリズムをとりながら

一週間のうち二日、月曜と木曜は八十六歳になった母を訪ね、通院の送迎や身のまわり、お昼を一緒に頂くことなどをしています。姉たちとできるだけのことをしていきたいと思う大事な二日です。

火曜日と金曜日は友の会に出席することを第一に考えています。ここには〝住〟のこと一つとっても「まず目に見えることからはじめて、目に見えないことにおよぼしていくのが順序である」ことを身をもって伝えてくださる友がいて、それぞれの年代や環境の違いを尊重し合いながら、私もともに学ぶ仲間であり続けたいと思います。

日曜日は地域のお役をしている夫と行事に参加する日が多くなりました。私の生活の水先案内役をしてくれる主婦日記に一カ月ずつそれらの日程を色別に印して生活のリズムを確認するよう心がけています。また季節ごとの家事の予定を「年間家事暦」として表にし、この主婦日記に貼ってあります。何かの都合で実行できないときも、筋道が立ててあれば安心して暮らせると思っています。

私が何かの整理にとりくんでいると
夫も刺激されてか趣味のカメラを
整理しはじめる
そんなとき精神的にすっきりして
軽やかな心になれるのは不思議なほど——

指定席の決まった〝住〟の棚
整理ができていると、使う人もしぜんに約束が守れるらしい。

家計簿
居間の小箪笥の上が定位置、いつでも「振り向けば家計簿」状態に。この27年間愛用の戸隠の竹篭に入っているものは、婦人之友2冊、主婦日記と家計簿2年分、当座帳、「寝る前の家」などカード2枚、日記帳、小国語辞典、電卓、ペンケース。

「花アルバム」

「わが家の記録」

アルバムは「1年を1冊に」
撮影では「単なるメモ以上のものを…」、「雰囲気まで伝えるものを多く」の2点を心がけ、たくさん撮った中から選んで「1年分を1冊に納める」と決めた。不出来なものは思いきってはずし、組写真をつくるようなつもりでレイアウトする。最後に妻がキャプションをつけてできあがる。好きな写真を「1年1冊」と決めるまでには時間がかかったが、具合がよい。（佳彦）

アケビの棚と凌霄花《のうぜんかずら》
庭を眺めながらここで一息。

私にとって大切なもの

四月に夫が退職いたしましたので、私の生活も少し変わりました。この節目こそまた自分たちの生活を振り返るよい機会でした。かねてからの計画どおり車は一台にしましたが、お互いのスケジュールをしっかり確認し合う習慣ができたように思います。夫と二人で小さな家に多すぎた本の整理もしました。思いきりすぎて後悔することもありましたが、整理することによって自分が何を大切なものと思っているかよく分かり、心の整理でもありました。そして今は図書館へ通うことが二人の生活の一部になっています。必要にせまられてしたことが思わぬよいことをもたらしてくれるということも感じます。

家計簿は二十七冊目に入っていますが、まさに数字で示すわが家の歴史です。初めてつけ通せた家計簿の表紙に、「今こそ家計簿をつけるとき」というその年の帯にあった文字を切りとって貼りつけたことを懐かしく思い出します。経済的にも節目の今、同じ言葉を自分に向けて言い、新たな気持ちにたち返りたいと思います。

移りかわる季節を見つめながら

私の住む長野は少し足をのばせば美しい自然に巡り合うことができます。季節の移りかわりの美しさをしっかり見つめて暮らす心を持ちたいとこの頃とくに思うようになりました。

わが家の庭でも、高校生だった息子と夫で芝生を剥いでつくった一坪菜園に青菜が芽を出したり、挿し木した苗が思わぬ花をつけて季節を告げてくれるのは本当にうれしいことです。そんな庭の一年間を夫がカメラに収めてできた「花アルバム」は楽しい思い出となって残っています。なにげなくしたことも、生活した証となって刻まれ、後になって励まされる思いがしています。

今の私には遠いものではありますが、私の家庭が社会の清き泉の小さなしずくになれるよう、簡素で心豊かに暮らしていきたいと思います。そしてまたさまざまな困難にあったときこそ、このことを見失わないよう祈りつつ暮らしていきたいと願っています。

わが家の「寝る前の家5カ条」

今日の新聞が所定のところに片づいている。
茶の間のテーブルの上が拭いてある。
玄関の靴がととのっている。
あすの朝出すゴミのしたくができている。
Pinkyが家の中にいる。
※11時前に寝室に行く——おやすみなさい……♪♪

暮らしをかえる
7つのテーマ

1

少ないもので豊かに暮らす

シンプルライフの第一歩は、ものと自分の関係を見つめ直すことから——

- 用途の広い食器をえらぶ
- 鍋・調理器具はこのくらいから
- ワードローブを見直して着こなし上手に
- 適量をキープするために
  着ないものはどうする？／自分らしい服装
- ものを少なく暮らすこつ

「シンプルな暮らしがしたい」というとき、思い浮かべるのはどんなことでしょうか——。鳥の声で目覚め、暗くなったら休む自然のリズムに適った暮らし。気に入った少しの道具に囲まれた、くつろげる空間。好きなことに打ちこんだり、自分が、家族が生きていく方向性について深く思いめぐらすゆったりとした時間などなど……。

*

「忙しくてもすっきりと気持ちよく暮らす秘訣は？」の問いに、生活上手の方たちの多くは「ものを少なくする」ということをあげました。そして、家の中に不用なものがたまらないように、持ち数やスペースで限度を決めたり、定期的にチェックをしています。家事を能率的に運ぼうと、道具や収納スペースを増やすよりも、余計なものを持たないで単純に暮らす方が、トータルで時間や空間、そして心にもゆとりを生み出すことを実感しているからでしょう。

モノは無限にふえる

時間の経過とともに、持ちものが増えていくのはしぜんなことですが、世の中には必要でないものを必要と思わせる情報があふれていて、少し気をゆるめると、あっという間にモノに囲まれてしまいます。増えたモノは、人が快適に住むべき空間を少しずつ浸食します。多くなった分をきちんと収めようと収納を工夫したつもりで、かえってつかいにくくなったりします。また、どんなに小さなものでも、磨いたり、洗ったり、飾ったり、片づけたり、探したりといったことに、時間も気持ちもとられます。処分するときには心が痛みますし、手間も、ときにはお金もかかります。

家の大きさに対して、ちょうどいいものの量で暮らすことができれば、余分なものが占める空間と時間が私たちにもどってくるばかりか、自分にとって本当に大切なものもみえてくるでしょう。

ちょうどよい持ち数とは？

必要充分な、合理的な持ち数は、どのように決められるでしょうか？

ある人は、ワードローブの中から、ベースとなる約20点だけで1カ月（冬）着まわしてみて、「これでも暮らせることがわかって自信がついた。挿し色など、遊びの要素は加えていきたいけれど、自分にとって何が大切かがみえてきた気がする」といいます。

食器でも、調理小ものでも、靴でも「ないと暮らせない基本的なもの」と、「あれば便利なプラスアルファのもの」が混在しています。

電気もガスもないところでキャンプをするとか、一定期間、ぎりぎりの数で暮らす体験は、とても貴重なもので、「ない」ことの怖さから解放されたりします。そうでなくても「これがなかったらどうなるか？」と、実際にとり除いてみたり、シミュレーションをくり返し、それでも復活してくるものが、今の自分の必要にして充分なものの持ち方（適量）を教えてくれるのではないでしょうか。

捨てることの意味

なくてもやはり困らないモノ、あることさえ忘れてしまったようなモノの中には、何となく買った、もらった、おいておいた、というような、いわばガラクタも多く含まれているでしょう。途中で暮らしが変わったり、自分がさらに高い価値観をもつようになったりして、ものの方が暮らしに合わなくなることも出てきます。時の力もかりながら、そうしたものをふるいにかけなくてはなりません。

捨てるということは、別の視点でみれば、自分にとって何が必要で、何が必要ではないかを選択してゆく作業でもあります。ものの浪費、つかい捨ての方向ではない処分法をできるだけ研究して、家の中にあるものはどれも出番を待ち、役目を果たしている、というふうにしていきたいものです。

えらぶ目・えらぶ感性を養う

少ない持ちもので、すっきりと暮らしている方たちは、自分の必要度や好み、上質とは何か、本物とは何か、といった選択のものさしを、しっかりと持っています。食器ひとつでも、応用範囲が広くて、なおかつ、個性的で美しいものをえらぶのは、なかなか難しいのですが、願っていれば、いつか自分の暮らしや経済にも見合ったよいものに出合えるといわれます。技術のある人は、オリジナルをつくる方が近道という場合も。時間をかけて悩んだり、探したり、計画したり、作業をすることが、またシンプルライフへの楽しい道のりです。

よいものを、自分らしく選択してゆくことは、私たちの家を美しく、温かみのあるものにするだけではなく、地球の育んだ資源と環境を大切にする、小さくて大きな一歩ともなるでしょう。

次ページから、食器や台所用品、衣類を例に、少ないもので豊かに暮らすための方法を具体的に考えてみたいと思います。

用途の広い食器をえらぶ

和洋中につかえる無地でシンプルなデザインからはじめましょう。

食器というのは和洋それぞれに長い文化と歴史をもつ、いわば工芸品ですから、眺めているだけで楽しく、次々揃えたくなったりします。4人家族で300～400点という人も少なくありませんが、家庭をもったスタートラインはとくに、なるべく少ない持ち数ではじめるのがよいでしょう。

どんな料理にも合うもの

日本の食卓は和洋中、エスニック料理とバラエティ豊かです。どんな料理にも違和感がなく、見栄えがするのは、やはり白やオフホワイト、それも少しあたたかみのあるものがよいでしょう。最初は無地かそれに近いもので。洋食器ならば少し厚手で飾りの少ないもの、和食器でもプレーンな形の陶器だと、不思議にのせる料理を選びません。

白だけで単調なら、ランチョンマットや箸おきで変化をつけてみたり、盛り皿に思い切った色を。レシピが増え、ホームパーティーの機会など増えてきたら、黒、茶などの濃い色の皿を加えてみるのも、赤や緑の鮮やかな食材が思いのほか栄え、テーブルに変化がつくでしょう。

長くつかえるもの

上品な艶があって、手になじむ形、心惹かれる柄など、自分が一生つきあってもよい、と思えるものをえらぶのがなによりです。

そのほか持った感じが重すぎないこと、重ねられる形かどうかも確かめます。金銀がつかわれているものは電子レンジ対応か、食器洗い機をつかう人は、入れやすい形、入れてよい素材かもチェックしましょう。

補充のきくもの

必要な食器を必要な数だけ揃えておくのはなかなか難しいものです。ふだんよくつかうものは欠けたり、割れたりして半端になる一方で、頂きもののくだもの皿や小鉢が、出番もなく隅におしやられていたりします。

食器メーカーのオープンストック（1枚から買えるもの）ではじめるのも一方法です。

そうでなければベーシックな形、色をえらんでおき、補充するときはサイズと質感、色の似たものを探します。

和洋どちらにも
オフホワイトの陶器を中心に。5人家族なので種類は絞りこみ、来客用との区別もなし。手前の楕円の皿は、魚、パスタ、カレーと、よく活躍してくれます。（井田典子さん）

飽きのこないシルエット
すっきりしたデザインの北欧の食器。結婚するときに5組ずつ揃えました。カップは紅茶にもコーヒーにも。（菊池亜希子さん）

径20cm深さ9cm。丼もの、うどん、そば、ラーメン、どれにも合う。

2度の大整理で気もちもすっきり(写真・左の2枚)
わが家の食器は、約210点。若いころ、食器が好きでつい増やしてしまったものを、50代初めに大処分。安価なものは飽きがくると痛感しました。60代初めに2回目の見直し。ふだんづかいと来客用の区別をなくし、和洋中兼用できる軽い食器を主に、重い食器、小鉢、小皿などを手放しました。大勢のおもてなしには、大皿ととり皿のスタイルで。今は本当に気に入った食器だけ、つかわないものはありません。（岡井乙代さん）

最初に揃える食器はこのくらいから

つかいまわしのきくシンプルな器の例です。お客さまや家族数が増えることを考えて、はじめから5～6客揃えてしまってもよいでしょう。
カトラリーをのぞくと食器の種類は17。5客ずつ揃えると、総数は85となります。お客さまがあるときは、グラス、カップは多めにある方が便利です。このほかに、盛り皿やポット、ミルク入れなども。

ご飯茶碗
径11～12cm
深さ6～7cm
手入れは磁器のものより気をつかいますが、陶器はあたたかみがあってよいもの。焼きが硬く、表面が滑らかなものを

汁椀
径11～12cm
深さ6～7cm
サイズ、重さ、口あたりなども吟味して。やや大ぶりのものが、ふだん用には向く

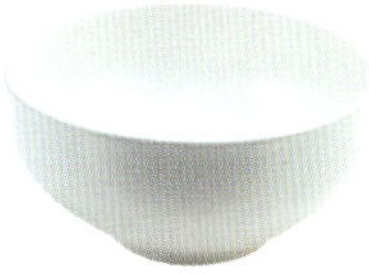

どんぶり
径18.5cm　深さ7cm
どんぶりものやめん類に。サラダボウルとしても

中鉢
径13～15cm　深さ5cm
和えもの、煮もの、おひたし、漬けものに

楕円皿
長径24cm　短径16cm
長方形よりつかい道の広い和の楕円皿。和洋中のおかず、魚料理、オードブルをのせても

中皿（とり皿）
径16～18cm
出番の多い器。なにを盛っても栄える、飽きのこないものを

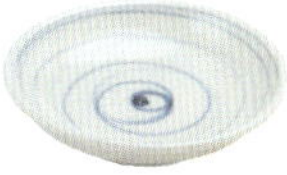

小皿
径約10cm
しょうゆ、たれ、ソース、薬味などに。絵柄を楽しむのは小さな器から

ミート皿
径23cm
メインディッシュやパスタ、ピラフ、盛り皿としても

スープ皿
径19cm
縁のないボウルタイプが万能。食卓や食器棚で場所をとらないのもよい

ケーキ皿
径19cm
ケーキばかりでなく、パン皿、とり皿にしても

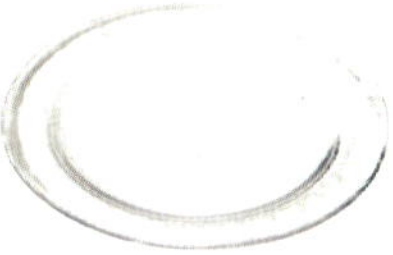

ガラス皿
径17cm
フルーツ、デザート、サラダに。シンプルなガラス製はとり皿としても重宝

湯のみ茶碗・茶托
径8cm　深さ6cm
広口タイプは主に煎茶。筒型は番茶やほうじ茶に。茶托の代わりに布製のコースターもよい

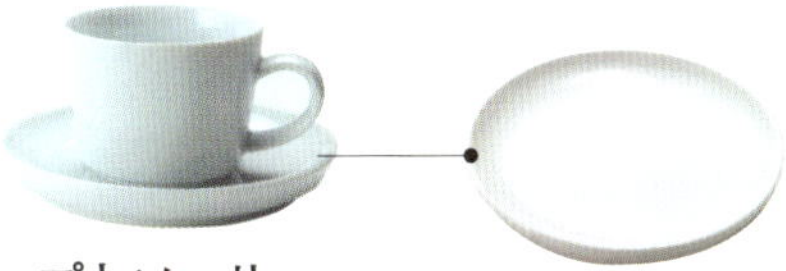

カップとソーサー
カップ　径8cm　深さ6cm
ソーサー　径14cm
紅茶・コーヒー兼用できるシンプルなカップ。持ちやすく、安定感のある持ち手のものを。ソーサーは、カップをおく溝のないものが、皿としてもつかえてよい

タンブラー
径7cm　高さ10cm
約200cc容量がちょうどよい。ガラスは薄すぎず凹凸のないものが手入れしやすい

ワイングラス
径5.5cm　深さ10cm
高さ20cm
すっきりとしたデザインはどんなメニューとも合う。洗いやすいものを。

箸・箸おき
22～24cm　持ってみて、太さ、長さ、重さ、なじみ具合などを確認して

ナイフ・フォーク・スプーン・デザートフォーク・ティースプーン
デザートフォーク、ティースプーンは、多めにある方が便利

鍋・調理器具はこのくらいから

少数精鋭の鍋と器具で、おいしい料理をつくりたい――

さまざまな形やサイズの道具が、つかいやすいように納められ、必要なときにさっと出てくるキッチンは、毎日の食事づくりを楽しく、能率的なものにしてくれます。

レパートリーの広がりとともに道具は増えていきますが、はじめは少々不便を感じるくらいの持ち数でスタートして、自分たちの暮らし方、収納場所とよく相談しながら揃えましょう。

片手鍋
径18～20cm　深さ約10cm
ゆでもの、汁もの、揚げもの、少量の煮ものなど

小鍋
径14～16cm　深さ約7cm
少人数の汁ものや、離乳食づくりなどに。ミルクパンとしても

鍋の扱い	熱いうちに洗う方が、汚れはかんたんに落ちます。底や持ち手も忘れずに。こげついたときは、無理にこすらず、お湯をはって煮立てて柔らかくしてから、少しずつ落とします。

ざる
小・径18cm　深さ7cm
中・径20cm　深さ9cm
柄つき、脚つきが便利。家族が増えたら、片手でなく大きなサイズをたす

ボウル
小・径15cm2つ
中・径21cm1つ
卵をといたり、野菜を和えたり

包丁
刃渡り20cmくらいの牛刀1本とペティナイフから。切れ味は鋼が一番だが、手入れしやすいのはステンレス
（とぎ方p.124）

まな板
合成樹脂製が清潔に保ちやすい。月に1度は漂白を

えらび方のポイント

鍋　用途が広いこと、持ちやすく、洗いやすく、取っ手のしっかりしたものをえらびたいものです。質のよい鍋は長もちしますし、決して安くはないものですから、自分なりに情報を集めて納得してから。写真の鍋は、煮こみや蒸し煮料理がおいしくできる、多重層のステンレス厚手鍋です。

調理器具　小もの、レードル類などの道具は、色や質感を揃えるとキッチンがすっきり見えます。巻きす、ゴムべら、泡立て器などは必要に応じて加えるとよいでしょう。

台所家電　多機能より単純なものの方が、長くつかえます。たいていの家にあるのは、冷凍冷蔵庫、電子レンジ、炊飯器、トースター。ポット（魔法びん）は電気のいらないものでも充分。フードプロセッサーやホットプレートはおき場所をよく考えて購入しましょう。家電は目立つものなので、色やデザインの調和にも注意を。

親子2代でつかっている鍋
右の鍋3つは30年前のお父様のアメリカみやげ。結婚のときお母様からゆずり受けた。丈夫で、揚げもの、煮もの、焼きもの何でもこなす万能選手。おもてなし料理もこの4つで足りる。
（高尾宏子さん）

ケトル（やかん）
容量は2リットル前後が適当。ホイッスルつきも便利。細い注ぎ口ならコーヒー兼用になる

両手鍋
径20～22cm　深さ約14cm
シチュー、カレー、青菜やめん類をゆでるのに。さながあれば蒸し器にもつかえる

浅鍋
径25～27cm　深さ約8cm
煮もの用。とくに材料を一重に並べたい炊き合わせ、おでん、すき焼き、魚と野菜の蒸し煮などに

フライパン
径約24cm　深さ6～8cm
炒めもの、焼きものに。初心者は高品質のフッ素樹脂加工がつかい勝手がよい

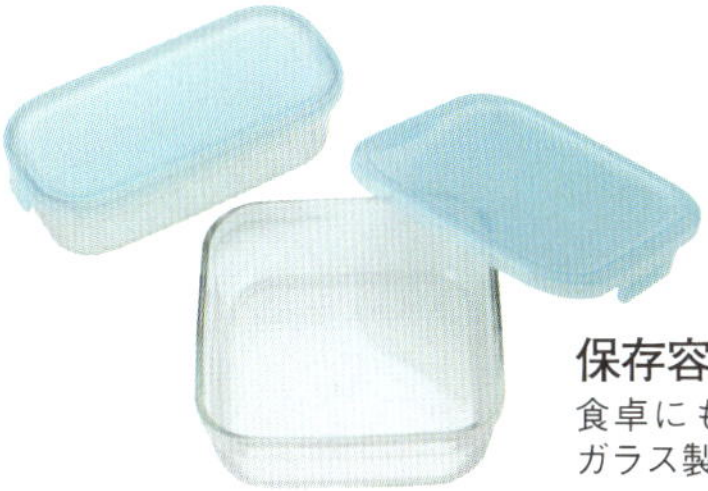

保存容器
食卓にも出せるガラス製を

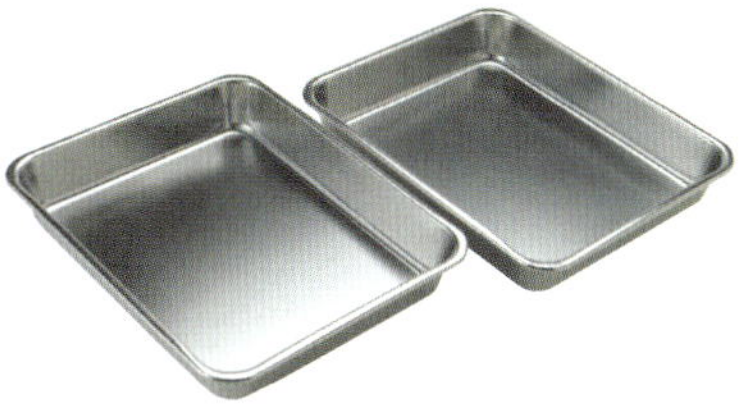

バット
21×17cm2枚くらい。肉や魚を調味料につけておいたり、きざんだ材料をのせたり、フライの衣つけに。セットですのこを揃えておくと、魚に塩をしたり揚げものをのせるのにもつかえる

ピーラー
刃の角度が変わるものを

調理ばさみ
乾物を切ったり、包装をあけるのに。ねぎやにらをきざんでも

缶切り
力を入れずに缶をあけられ、切り口もまっすぐなので安全

栓ぬき
栓ぬき、ボトルキャップ、プルトップ開けと3通りにつかえる

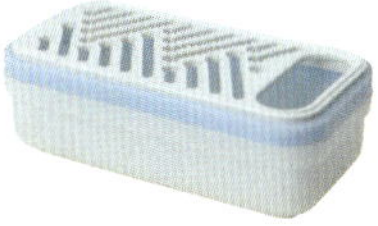

おろし器
受け皿つきのプラスティック製が、子どもにも安全

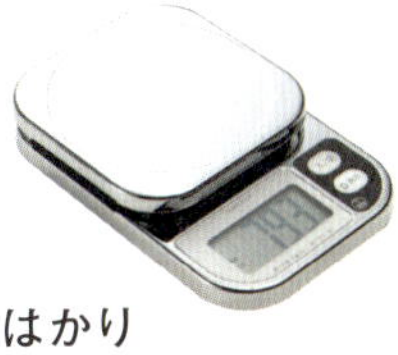

はかり
分量を知ることは料理の基本のひとつ。パン、菓子づくりには欠かせない

メジャーカップ
200cc

メジャースプーン
大15cc　小5cc
表示があるものの方が、家族もまちがえずにつかえる

布巾など
やや厚く、凹凸のある織りのもの。6枚くらい。
このほか
- 調理用布巾（さらし）（扱い方p.114）
- 台ふき
- 鍋もち

フライ返し
オムレツ、肉や魚のソテー、炒めものなどに。フッ素樹脂加工のフライパンに、樹脂製で、弾力のあるもの

網じゃくし
揚げものに。ゆでものやみそこしには、万能こし器が便利

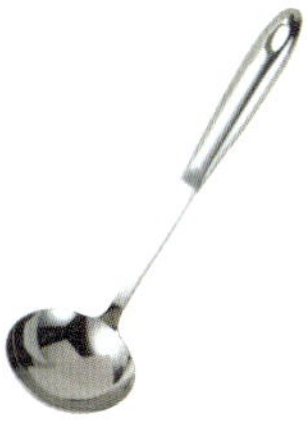

玉じゃくし（レードル）
ステンレス一体型が丈夫。容量を計っておくと、計量にも

ご飯しゃもじ
くっつきにくいプラスティック製を

木べら
炒めものやソースづくりに

菜ばし
揚げもの、焼きもの、煮もの、和えものに。大小をつかいわけるより、30cmくらいを2組で充分。ひもはつけないでつかうのがよい

撮影協力／株式会社池商

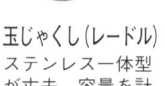

ワードローブを見直して着こなし上手に

少ない持ち数で、自分らしさを表現できる素敵な着こなしに——

「なかなか整理、処分ができなくて…」「安かったのでつい買ってしまって」「人からいただいて」——衣類が増えてしまう原因です。アンケートからはほかにも「衣服の持ち数を検討したい」「眠っている服を見直したい」など、衣類の持ちすぎに対する悩みの声が多く聞かれました。「持ち数」について考えてみましょう。

持ち数把握に便利な衣服ノート、衣服カード。大学ノートや名刺フォルダーなどを利用してつくる。絵を描いたり、写真、デジタルカメラで撮ったものをノートに貼ったり、方法はいろいろ。数を知るためだけでなく、デザイン、材質、購入価格、着はじめた日なども記しておくことでワードローブ全体の管理にもつながる。

持ち数を把握する

今あなたは、どのくらいの数の衣類を持っているでしょうか。季節外や、いつか着ようと別にしまってある衣服もすべて出して数え（下着・靴下・パジャマ・小もの類は除く）、「持ち数調べ」の表をつくってみると、はっきりとした数を把握できます。Oさんの場合、ひと目で見渡せるクローゼットやたんすに、1年分の衣類が収まっています。毎日開けて目にしているので、あえて持ち数調べをしなくとも、80点くらいだろう…と見当をつけていました。ところが実際に数えてみたら90点。似ている服の記憶が曖昧だったことから「おおよそ」ではなく、1枚1枚を目で確かめながら、きちんと数えてみる重要性を実感したそうです。

「着用チェック」をする

次に、過去1年間に着たものだけをチェックしてみましょう。実際に衣類をクローゼットから出して選り分けてみる、前記の「持ち数調べ」表や衣服ノートをつかって書き出すなど、自分に合った方法で、着た、着ないだけのチェックをします。さらに、着なかったものの理由をおおまかに検討します。前述のOさんの場合「流行遅れ」「衣服の傷み」「似たテイストの服は好きな方しか着ていなかった」ということがわかりました。

名刺フォルダー式の平良さんの衣服カード。名刺サイズの紙に洋服の絵を描き、裏に購入価格や材質などのデータを書いておく。

処分、新調を検討し、自分の適量を決める

持ち数の把握、着用チェックがすんだら、いよいよ処分、新調を考えます。以下の項目にあてはめ、過去1年間に着ていないもの、次に着ているものも、ひと通り見直してみます。ただ処分することを目的とするのでなく、着こなしやライフスタイルの面からも照らし合わせてみましょう。

❶自分に似合うテイストを知っていますか

あなたのワードローブにある服は、自分の体型に合うデザイン、美しく見せる色の服でしょうか。まずは自分の体型や肌色、顔色をよく知る必要があります。そして、体型の長所を生かし、欠点はほどよく隠し、自分らしさが表現できるデザインのものを選びます。

初対面の第一印象を決める60%が色、というデータもあるほど、色は大きな表現力をもっています。自分に似合う色がわかったうえで、ベーシックカラーを2~3色に決めると、持ち数ダイエットの助けになるでしょう。

デザインや色に迷うときは、家族や親しい友人に相談したり、自分によく似合う色をみつけるために、「カラーコーディネート」の講習を受けるなど、第三者から学ぶのもよい方法です。

❷自分のライフスタイルに合っていますか

今、どんな暮らしをしているか、今後どうありたいかをイメージすることで、それにふさわしい服が見えてきます。日々の生活で着るメインのアイテムと、趣味や活動、交際、行事といった特別なシーンで必要な服は多少異なります。ふだんの暮らしには困らないからと、特別な部分を絞りこみすぎないようにも気をつけなくてはなりません。とはいえ、シーンごとに着るものを用意していては、経済も持ち数も膨らんでしまいます。結婚式、子どもの入学、卒業などの特別なときに必要な服こそ、3年先、5年先を見すえて、ベーシックでよいもの、確かなものを時間をかけて選びましょう。

❸ファッションを楽しむ

自分に似合うスタイルを保ちながら、流行も適度にとり入れていくと、かえってそのスタイルを飽きずに楽しむことができるうえ、まわりからの印象も違ってきます。ただ、流行の要素の強いものは、着られる年数が短いことを心しておきましょう。

アンケートには「基本の色はモノトーン。スカーフやアクセサリーで流行色をとり入れる」「シンプルなデザイン、コーディネートしやすい色の服をベースに、ベルトや靴で気分を変える」といった声がありました。

体型が変わって着られなくなった服や、あまりに古さを感じさせる服、傷んでしまったものは楽しめませんから、思い切って処分します。

以上、大きく3つの観点から自分の衣服、持ち数を見直します。季節ごとに検討し、1年くらいかけて、自分の感性にもしっくりくる持ち数にできたらよいと思います。

一度基本の持ち数が決まったら、今後の衣生活はずいぶん違ってくるでしょう。服を新調するときは、今あるワードローブにあるものと組み合わせ、自分に合った、できれば質のよいものをえらぶようにします。数が増えにくくなり、合理的な着まわしにつながります。また、数が少ないと管理もしやすく、経済的でもあります。

アンケートでは「持ち数はおよそ１００点以下、70~90点くらいが理想では…」と答える人が多くいました（左表参照）。どんな暮らしであっても、「それを着る体はひとつだけ」ということは忘れずに、ファッションと向き合っていきましょう。

	❶持ち数60~80点の人の平均	❷Oさん
トップス類	32点	55点
ボトムス類	15点	18点
ワンピース・スーツ類	13点	7点
ジャケット・コート類	9点	9点
総持ち数	69点	89点

❶トップスはボトムスの約2倍。スーツの数は職業などで違いますが、このくらいの数字を基準に、自分の持ち数の偏りをチェックすることもできるでしょう。

❷幼児を抱えてフルタイム勤務のOさん。上下別アイテムで、活動的なパンツスタイルが基本。ボトムスの数は抑え、人と会うときはトップスで変化をつけているため、トップス類が多くなっている。

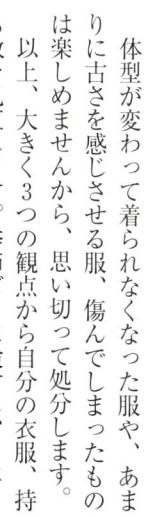

適量をキープするために、着ないと決めたものはどうする？

愛着のある衣類。手放すときの考え方とその行き先について。

定期的な整理で持ち数をキープ

季節ごとの整理以外にも、私たちが衣類を見直す時期は、大きなライフサイクルの中で何度か訪れます。社会人になると通勤やはれの日にふさわしい衣服を、育児期には活動的なジーンズやTシャツ、子どもが小学生になると、もう少しあらたまった服装にと変化します。中高年になると体型や顔色の変化にともなって、それまでのものが合わなくなる時期もくるでしょう。

また、成長の早い幼児のころ、制服から私服へ変わるとき、退職した夫の背広を整理するときなど、家族にも節目のときがあります。

Aさんが、下の子どもの小学校入学を機に一大決心をして衣類整理をしたときのこと。「母からもらった思い出の1枚」「着る機会のなくなったOL時代の高額なスーツ」「いつのまにかたんすのこやしになっていた流行遅れのワンピース」など、すっかり忘れていた服が次々に出てきたのです。そこで、下表のような考えで、ある程度機械的にでも処分しました。その後は「1点処分して1点購入」を励み、管理できる数がキープされています。

■あなたの気になる衣服はどの状態？　Aさんの衣服診断法

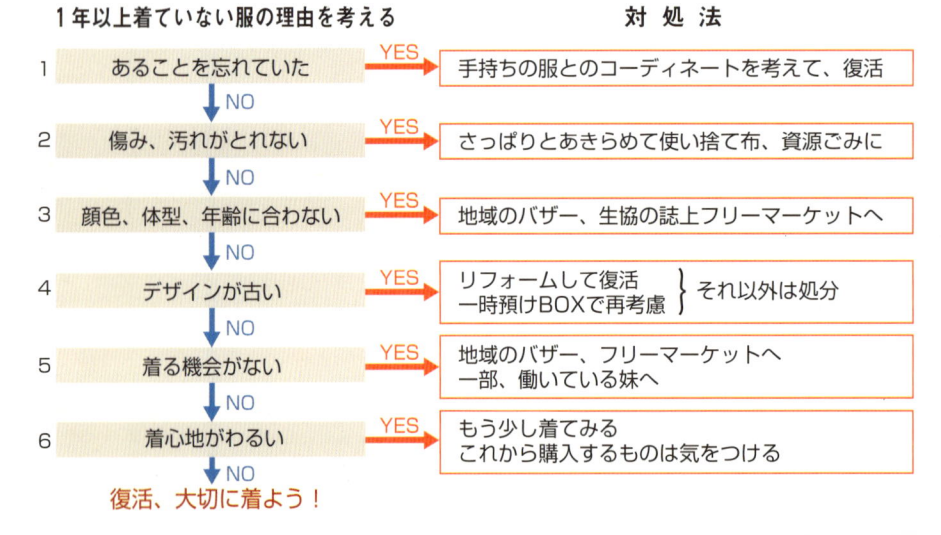

	1年以上着ていない服の理由を考える		対処法
1	あることを忘れていた	YES →	手持ちの服とのコーディネートを考えて、復活
	↓ NO		
2	傷み、汚れがとれない	YES →	さっぱりとあきらめて使い捨て布、資源ごみに
	↓ NO		
3	顔色、体型、年齢に合わない	YES →	地域のバザー、生協の誌上フリーマーケットへ
	↓ NO		
4	デザインが古い	YES →	リフォームして復活／一時預けBOXで再考慮 ｝それ以外は処分
	↓ NO		
5	着る機会がない	YES →	地域のバザー、フリーマーケットへ／一部、働いている妹へ
	↓ NO		
6	着心地がわるい	YES →	もう少し着てみる／これから購入するものは気をつける
	↓ NO		
	復活、大切に着よう！		

■着ないと判断するきっかけは…　〈アンケートより〉

着ない理由上位5

1 年齢にともない、色が合わなくなった
2 色あせ、ほつれ、ゆるみ、ちぢみなど
3 体型が変化して着られない
4 デザインが古くなった
5 飽きてしまった

そのほか

セール（バザー）には〝人に着ていただけるのは今〟というものを出すようにしている。　八百原博子（徳島）

似合わなくなったり、傷んできたとき。サイズが合わないが、まだ着られるものは直して着る。思い出の生地等は、小ものにつくり変えるときもある。　浜田節子（江別）

2年間一度も着用していないものは、一時預かり箱に入れて収納。さらに1年おいて、ようすをみる。　牧野恵美子（飯田）

着ないと決めたものはどこへ、どのように？

■そのまま人にゆずる

（バザー・フリーマーケット・施設や教会に送る・人にゆずるなど）

質がよくて、着古していないもの。「自分でもまだ着たい」と思えるほど状態のよいものを出すのがマナーです。もし、ほころびやしみがあったらきちんと手入れをして。デザインが古くないかも要チェックです。

■形を変えて再生する

縫い直したり、形を変えれば着られるもの、また布としてぬいぐるみやクッションなどに使えるもの。これは、ある程度の技術と時間を要しますから、グループや地域単位でするのも、一つの方法でしょう。

■雑巾、使い捨て布として利用する

タオルやパジャマ、シーツ、カバー類など。メリヤス布地は雑巾、使い捨て布（10×10cmが便利）に最適。

■どこへ送るか

市民ボランティア団体、福祉施設、業者、海外支援団体などがそれぞれの目的をもって衣類のリサイクルにとり組んでいます。インターネットでも情報の検索、実際のものの交換ができますから、上手に活用しましょう。送るときは、どんなものが役に立ち、どのような送り方をしたらよいのかをよく調べてから。

■資源ごみ・廃品回収に出す

地域で行っている、もっとも身近なリサイクル。古くても破れていても、木綿、化繊を問わず繊維質のものであれば、ほとんどのものが再利用されます。出し方は居住地域の方法に従ってください。

＊回収できないもの
皮製品／合成皮革／ビニール製のもの／毛皮／羽毛など

衣類の送付先

かにた婦人の村（婦人保護長期収容施設）
294-0031　千葉県館山市大賀594　TEL　0470-22-2280

救世軍男子社会奉仕センター
166-0012　東京都杉並区和田2-21-2　TEL　03-3384-3769

日本救援衣料センター（ＮＰＯ法人）
658-0023　兵庫県神戸市東灘区深江浜町22-2
問い合わせ専用TEL　06-6271-4021

※海外輸送費も必要です。
10kgで1500円（振込用紙が送付されます）。

■不用な衣類の行き先

そのまま人にゆずる

友の会のセールに出したり、授産施設に引きとってもらったりします。バザーに利用してくださるので、とても助かっています。夫の背広も退職後整理して、施設のバザー用に引きとっていただきました。

永野美恵子（大分）

教会のバザーや路上生活者のための衣類収集に。毛布、冬物の厚手服、ジャンパーなどを役立てていただく。着古したものや、虫食いのあるものは、町内のリサイクルシェルターの会へ。

小無田亮子（久留米）

リフォームして再利用

座布団にしたり、夏の家着はひも状にして施設の裂き織り用に送ったり。

岩田通子（松戸）

生地や柄の好きなものは、小もの（はさみケース、ミトン、クッションカバー）に。着古したTシャツ・トレーナー類は使い捨て布に。

的場明子（大分）

木綿のTシャツなどはハサミを入れて使い捨て布。セーターなどは靴ふき、セーター人形。ウールは鍋もち、小座布団に。

高橋美穂（長野）

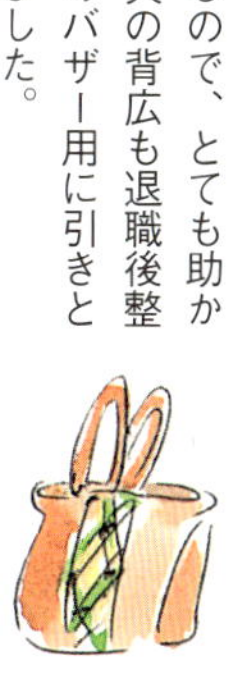

自分らしい服装を求めて

田代優子（東京）

個性のあるトップスも応用自在

ジーンズに合わせるシャツやニットは、スカートにはもちろん、スーツのインナーとしても着られるものを選びます。
ここでは、スリーシーズン着まわせる組み合わせのいくつかをご紹介します。

薄手ニットアンサンブルの着まわし例

ON
ニットアンサンブルの半袖を、スーツのインナーに。ソフトな素材のスーツなので、丸首ニットを合わせても違和感がありません。

OFF
フェミニンなアンサンブルにジーンズを合わせてオフの日に。色は淡くてもかっちりしたベルトをつかうことで、ニットの甘さを抑えました。

レースつきブラウス
ジーンズ
思い切って、フェミニンなレースとジーンズを合わせました。スタンドカラーがきちんとした印象を与え、マニッシュな雰囲気とも合うようです。

薄手ニットアンサンブル
ロングスカート
アンサンブルは、衣服調整がパッとできるのがよいところ。やわらかい表情を出せるデザインも気に入っています。細ベルトでウエストマークをして。

薄手ニットアンサンブル
茶色パンツ
ニットの模様の茶色と、パンツの色がぴったりくる組み合わせ。このニットの丈は、パンツスタイルをバランスよく見せる長さなので重宝しています。

まだ学生だった頃、服装も家のしつらえも簡素で美しくされておられる友人のお母様を見て、強い憧れを持ちました。いつか家庭をもったら、自分も、整然とした住まいにものを持ちすぎずに暮らしたいと願いました。けれど、一朝一夕にできることではなく、こと服装に関しては失敗もしてきましたが、今は心がけていることが、少しずつ実りつつあるように思います。

自分を表現できる服を着る

私の服選びのポイントは、まずは「自分が好きなもの」であることです。結婚したてのころ、自分の好みがわからず、漠然と衣服を持ちすぎていた時期がありました。数は多いのに、着ていてなんとなく落ち着かないものばかり…、ほんとうに着たい服ではなかったのです。その反省から自分が着たい「自分らしい服」つまり、着ていて気持ちのいい服を追求してきました。いつでも自分が納得して、好きだと思える服だけを選ぶようになりました。そのうえで、何通りにも着まわせる服や、スリーシーズン活用できる素材のものを選んでいます。

最初のころは、失敗のないようにとシンプル

和室の壁にあるたんす置き用のスペースを利用して、夫婦の季節の衣類を収納。

ストライプシャツの着まわし例

ON
オレンジのシャツを深みのあるこげ茶色のパンツと合わせたオフィススタイル。上下のくっきりした色の境目をベルトで中和させて。お客様に会うときは、さっとジャケットをはおります。

OFF
ヴィヴィッドオレンジのシャツに、ベージュのベストとジーンズで休日スタイル。ベストに編みこまれたこげ茶色の模様が、全体をひきしめるポイントに。シャツが印象的な色なので、帽子と靴はベストと同じ色にし、色数を抑えます。

黒ジャケットは1枚あると便利。

茶色ブロック模様シャツ
ジーンズ
個性的な模様のシャツも、茶系の濃淡づかいなので派手にならず、スポーティなジーンズとも合わせられます。このシャツはアイロンいらずの素材なので、登場回数の多いアイテムです。

茶色ブロック模様シャツ
茶色パンツ
同系色でまとめた通勤スタイル。パンツは裏地がついていませんが、しっかりした素材なので、春先から晩秋まで着られる大活躍の1枚です。ベージュのベストを合わせることも。

レースつきブラウス
ロングスカート
レースがついたブラウスをロングスカートと合わせた、定番の女性らしいスタイル。濃い色の細ベルトをアクセントにして、全体の印象をひきしめます。

レースつきブラウス
茶色パンツ
茶色のグラデーションを楽しむスタイル。ベルトは、レースのやさしさをくずさない細いものを。ジャケットをはおっても、よく合います。

私の着こなしポイント
- トップスに表情をつけられるように、ボトムスはシンプルなラインをえらぶ
- 手入れして長く着たいので、よい素材で仕立てのしっかりしたものをえらぶ
- 長身を活かし、大きめの柄や、個性的な色合いのものも楽しむ

な形のシャツやベーシックな色のものを選んで合わせていました。今は少し上達して、色、形、飾りなどに多少の個性があるものも、着こなせるようになりました。上の写真がその一例です。

持ち数調べは衝動買い防止にも

現在、人に会うことの多い広報の仕事をしていることもあり、ひところよりも衣服の持ち数は増え、120点ほどです。あまり着ていない服を数えると、30点ほどありました。ただ、すぐに処分したいと思った服は4点だけです。やはり、しっかり考えた上で揃えてきたので、すぐに飽きてしまうといったことはほとんどありません。とはいえ、持ち数調べをしてはっきりとした数がわかったので、30点は今後検討していくものとなりました。

今のワードローブでできる着こなしに、充分満足していることもあり、お店で服を見ても、買いたいという気持ちが起きなくなりました。持ち数をきちんと把握しておけば、なおのこと衝動買い防止になるようです。

収納スペースと相談しながらワードローブ管理

新しく服を買ったら、スペースの都合上、あまり着なかった服を処分する必要が出てきます。私の場合、体型が同じ母や妹に譲ることがほとんどです。いずれにしても、収納できるスペースと衣類の数のバランスが分かっていれば、それ以上の買いものには慎重になります。

年に2回の衣替えは、ワードローブを見直し、死蔵品がないかをチェックする作業にも有効のようです。

ものを少なく暮らすこつ［アンケートより］

どんなものでも〃意味をもってそこにある〃家をめざして――

■ほんとうに必要なものはそう多くはない

花一輪でも…

必要なものが必要なところにあるだけでよいのだと思います。ものが少ないのが第一条件。あたたかい雰囲気は野の花を一輪飾るだけでも違います。透き通ったガラス戸、清潔なカーテンがかけられていることも要素かと思います。

小林禎子（千葉）

〃少したりないくらい〃がよい

なんにでもいえることですが、自分の持ち数調べをしてみると、とてもよいと思います。少したりないくらいの方が、真剣にものをえらぶようになると思います。

高橋美穂（長野）

自分が今することはなにか…を考えて

先輩が「60代は整理のとき、70代は決断のとき」だと教えてくださったけれど、難しい。いっぱい課題があって楽しみでもあるので、これを機会に、またがんばってみようと思います。

横尾祐子（佐賀）

■趣味の道具

道具の増える趣味、道具のいらない趣味、とり合わせられたらいいと思います。編みものが趣味なので、どうしても糸が増えます。引き出しケースに種類別につめこんでいますが、安いときに買いこんだりしないよう心がけています。必要なときに必要なだけ買う方がよいと悟りました。

滝田里子（名古屋）

■どんどん増える本・雑誌は？

ツーステップ方式で処分

大切な本は、たとえ読まなくても別にして、それ以外はまとめて整理し、いったん段ボール箱などに入れて物置におく。一定期間さわりもしなかったら処分する。

乾　君子（奈良）

書庫に処分行き段ボールを置いておく

主人が〃本大好き人間〃で、古書店をのぞくのが趣味ときています。で、わが家は本が多くなっています。ですが、ここ5、6年は書庫に段ボール箱をおいていて、処分したい本を入れてもらうことにしています。そして、古本屋さんでとりに来てくれる人も見つけました。ただですが、持っていってくれるのでありがたい。

笠羽巳年子（藤沢）

3年サイクルで古本屋へ

本類は、一間幅の本棚からあふれることのないように、3年をめどに古本屋に持っていきます。雑誌は興味のあるページは切りぬき、1年ほどで市のリサイクルに。

芝　恭仁子（松山）

■食器は楽しみなもの。でも数は増やさずに。

家族用、来客用は分けずに

食器は、家族と来客用の区別はしていない。コーヒーカップ、お湯のみ茶碗、汁椀、スプーン類が10人分あれば、大皿や中皿を利用してお客様料理ができる。会席膳をお客様やお正月に利用すると、気分も変わります。

岩田通子（松戸）

食器棚を〝満員電車〟状態にしない

食器棚に入れたものが、出し入れしやすい状態が、限度と思っている。満員電車のように、手前のものをいったん出すようでは不便。重い食器、大きな食器はもう不要と判断。

新井良子（相模）

■大切な子どもの作品は…

〝飾る〟ことで活かす

生活に必要ではないけれど、心に残る思い出の品を中学校までの各学年から1点を選び、階段と2階廊下の壁に飾って、わが家のギャラリーにしています。

小崎ふじの（小樽）

子ども自身に判断を

子どもに聞いて要、不要を判断してもらう。絵は大きな紙ばさみにとってある。年月がたつうちに必要でなくなるものもあり、ときどき見直した。子どもが小さなときにくれた手紙は宝。大切にしてときどき読む。

浜田節子（江別）

在庫への方針はありますか？

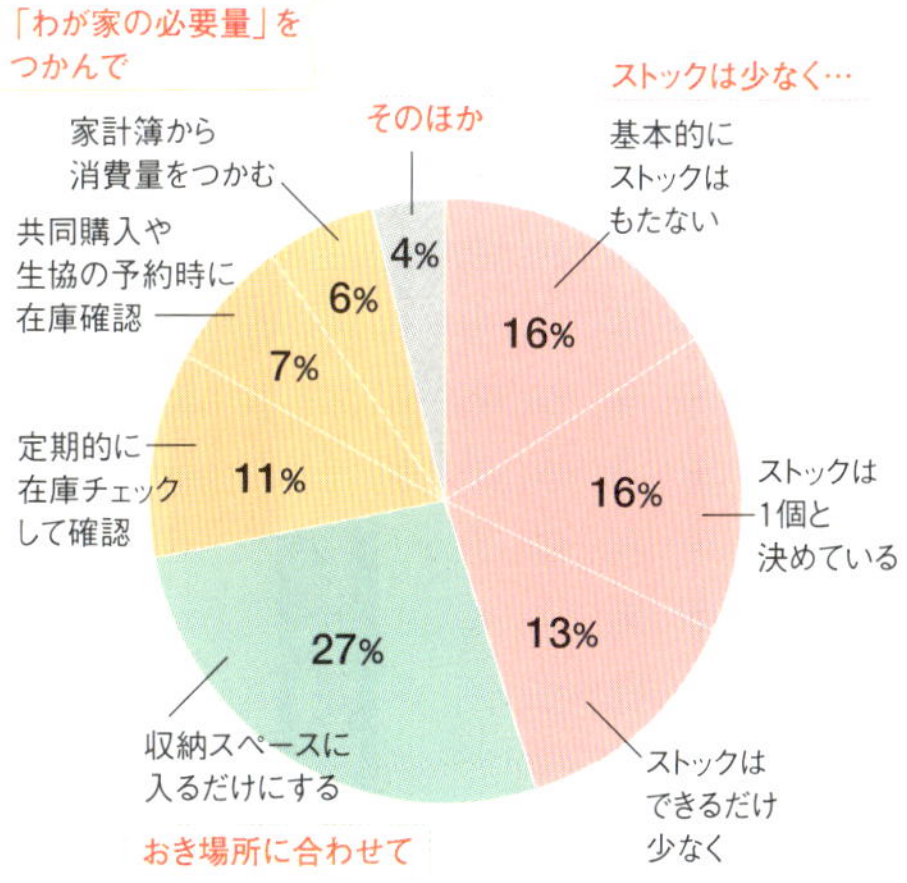

■〝在庫はなるべく少なく〟が基本

なくなりそうになったらメモをして、買い忘れのないようにする。

川辺典代（富士）

たたみかけてものを買わない。予備のものは最小限にしています。

伊藤洋子（多摩）

ないと困るもの（石けん、歯みがき粉、シャンプー、調味料など）は、常に在庫1個はあるようにと心がけている。残りの1個を開けたときに、買いものリストに書き留め、補充するか特売のときにそろえておく。

平良純子（沖縄）

使用量から目安を出す

洗濯機（4.2kg用）で週2回くらいの洗濯で1回30g使用。月に240gくらい。1年に2箱（生協の1箱1.2kg入りのもの）ですが、カーテンなども洗いますので、3箱くらいと決めています。

東野和代（佐賀）

1箱の封を切ったら、1箱追加するということをしていますが、毎月5日と20日の2回、そのどちらか適当な日に在庫を調べて、消耗品の買いものと決めています。3人家族（週末に息子帰宅）で、1回約30gの洗剤使用、1カ月20日の洗濯で600gの洗剤使用です。

佐藤澄子（武蔵野）

2

食事づくりほど楽しい家事はない

一人でも大家族でも、男でも女でも、いつでもみんなで大切にしたい「食生活」。

- 一汁三菜の食卓をイメージできますか？
- 目安量を覚えましょう
- 忙しいときこそ役立つ献立と記録
- 冷蔵庫と保存
- 忙しい日のかんたんレシピ／乾物料理
- 伝統の味、わが家の味のお正月
- 後片づけとごみ／鍋帽子

毎日の家事時間の平均は5時間17分。そのうち食事づくりと後片づけの「食」にかかわる時間は「2時間32分」です。まさに家事時間全体の半分を占めています。

時間調べの結果に教えられるまでもなく、人の暮らしに、からだと心の健康に「食生活」がどんなに大切か、さらにその運営を任されたものの責任の大きさは計りしれません。とくに育ち盛りの幼児や子どものいる家庭、またお年寄りといっしょ、ご病人を抱えた暮らしなどでは、栄養にものどごしにも気をつけるなどこまやかな配慮が必要です。特別な日のご馳走と違って、ふだんの食卓を用意しつづけることには、家族がお互いを思いやり、助け合うことも大事になってくるでしょう。

家事時間全体の半分は「食」の時間です

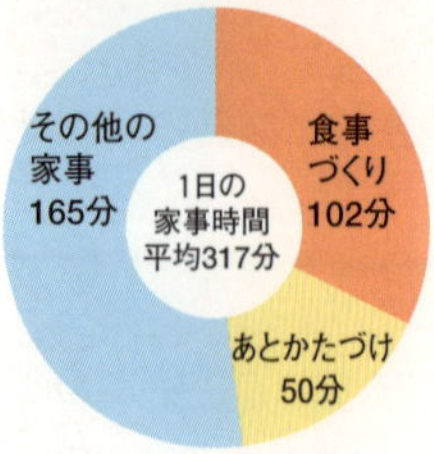

全国友の会「17000人の主婦の生活時間しらべ」より（1999年）

「くりまわし」の力をつける

台所仕事が「気分的にらくになった…」と思えるのは、無意識のうちにくりまわすことができるようになってきた頃、とよくいわれます。家庭をもったばかりの人から、「夕食づくりに3時間かかった」「いつも食材が余ってつかいきれない」などと聞きます。

くりまわしとは何でしょう。どうしたら上手にくりまわせるようになるのでしょうか。

くりまわしとは一度の手間(労働)を一度の食事でつかいきってしまわず、準備しておいたものと、今つくったもので〝今〟の食事をととのえ、今日の労働の一部は明日以降の準備でもある…、ということになります。それができると労働も、食材もくりまわされることになり、献立もそれを前提に立てられるようになります。

台所で営まれるすべての仕事の総合がくりまわし上手につながるわけですが、中でも、

・旬の素材を知る（p.42）
・目安量の把握（p.40）
・冷蔵庫（在庫）の中身の把握（p.43）
・レパートリーをたくさんもつ
　短時間でできるもの（p.44）
　まとめづくりに向くもの
　乾物料理（p.46）
　常備菜、保存食
・献立を立てる

などがポイントになるでしょうか。そして最終的には「自分でつくる、自分で試してみる」ことにつきると思います。

買いものや料理をしながら、目安量や栄養バランスのことが思い出せるようになったら、料理上手、台所上手に一歩も二歩も近づいた証拠。そうなればじきに、食事づくりが楽しい創作活動になるでしょう。次ページからの項目を参考に、少しずつ「食」の力をつけていきましょう。

一汁二菜の食卓をイメージできますか？

野菜をたっぷり食べましょう。

家族の状況に応じてふだんの献立はかわってきますが、ここでは「一汁二菜」を基本として、どのように献立をつくったらよいか、考えてみましょう。

例1（和風）

主菜　めかじきの鍋照り焼き
　　　大根おろし
副菜　ほうれん草としめじの
　　　おひたし
みそ汁　里芋、大根、ごぼう、
　　　にんじん、ねぎ
　　　油揚げ
ご飯

例2（洋風）

主菜　チキンソテー・チーズのせ
副菜　じゃが芋、にんじん、
　　　玉ねぎのソテー
　　　ゆでブロッコリー
　　　フレッシュサラダ
　　　（サラダの野菜を減らして、
　　　スープにしてもよい）
パン

主菜には、魚、肉、豆腐などを。

副菜には、主菜を引き立てる調理法で野菜を添えます。たとえば、甘辛味の焼き魚にはさっぱりしたおひたし、洋風チキンソテーには、ふり味程度（薄い塩味）の味つけの野菜を添えます。素材そのものの味が生きてきます。

もうひと皿、小さな副菜を添える場合は、和えものや常備菜、漬けものなどを。全体の引き締め役で、生ものや火の通ったものなど調理法が違っているものを組み合わせます。

野菜を充分にとる一つの方法はみそ汁やスープを具だくさんにすること。いかにもふだんの食事らしく、家庭的です。

だしは、ふだんの献立なら煮干しだけで充分です。根菜が各種とりあわされていれば、旨みが増しておいしくなりますし、具にたんぱく質があればそれだけでもよいだしになります。急ぐときはだしの素、スープの素も助けになりますが、ときには昆布とかつおで本格的にとっただしでお吸いものなども嬉しいですね。

最後に全体を見直します。食卓にのせて彩りのよい献立になっていますか。

夕食で野菜200gをとりましょう（和風の献立）

めかじきの
鍋照り焼き
大根おろし

ほうれん草と
しめじのおひたし

ほうれん草 …60g
しめじ茸 ……20g

大根 …………40g

ご飯

実だくさんのみそ汁

里芋（またはじゃが芋、さつま芋）
……………………………………30g
大根………………………………20g
にんじん…………………………10g
ごぼう……………………………10g
長ねぎ（または玉ねぎ）………10g
油揚げ

目安量を覚えましょう

台所でのキーワード、「目安量を覚えてバランスよく」。

ふだんの食事でいったい何をどれだけ食べたら、栄養のバランスが保たれるのでしょうか。現在、私たちの体のために必要といわれる栄養所要量は左ページ「表1」の通りです。食生活がある面では豊かになってきた現在、偏った食べ過ぎに注意しなくてはなりません。とくにたんぱく質、脂質は摂りすぎを注意したいもの、表の値も「これ以上は摂りたくない」値、また、カルシウム、鉄、ビタミンCについては努力して「これだけはとりたい」値とみたいと思います。

この栄養所要量を実際の食品におき換えてみたのが「1日の食品の目安量」(表2)です。

目安量を覚えて 上手な食べ方へステップアップ

家族が1日に食べる食品の目安量が頭に入っていると、買いものしやすく、メニューも決めやすくなります。台所仕事に少し慣れてきたら、目安量を考えて献立を立ててみましょう。栄養学の倉田澄子氏は「目安量の材料をつかいきるつもりで料理すれば、食事の栄養バランスをとることができるでしょう」といわれます。好きなもの、食べたいもの優先で献立を立てていてはとても無理、とも。

1日の食べ方パターン

目安量のなかでは、野菜400g、豆・大豆製品80gは気をつけなくてはとりきれない量です。また、逆に魚や肉100gはうっかりすれば食べ過ぎてしまいます。1日の量を朝昼夕の食事に割り振ってみると、表3のようになります。一回の食事で何グラムの野菜や魚・肉を食べているか、ときには実態把握をしてみるのもよいでしょう。

目安量を頭に入れて食生活を考えることができるようになると、食べなくてはならない食品が形になってくるので、買いものにも計画性が出て、しぜんにくりまわす仕事につながります。

■「1日の食品の目安量」表2について

牛乳・乳製品は、消化吸収がよく、動物性たんぱく質としても大事。牛乳200gとチーズ5gでカルシウムの1日の所要量の40%がとれる。スキムミルク20gは牛乳200gと同じたんぱく質とカルシウム。

卵は、良質のたんぱく質、成長期に欠かせない。

肉と魚の割合は1：1に。小魚も忘れずに。動物性たんぱく質は脂質のとりすぎにつながる。

豆・大豆製品(胡麻を含む)は、良質の植物性たんぱく質。カルシウムや、鉄も多い。

野菜は、ミネラルやビタミンの供給源。各栄養素を円滑に代謝するのに欠かせない。

・青菜 V.A、V.C、カルシウム、鉄が多い。V.Aの吸収をよくする油と一緒に。

・海藻は、ミネラル、食物繊維も豊富。

・芋は、副菜として大切な食品。

果物 豊富なV.Cは鉄の吸収を助け、抗酸化作用もある。

穀類 エネルギー所要量の1/2は穀類からとる。体格や、生活活動の違いによって、摂取エネルギーを穀類で調節。

油脂 目安は植物油10gとバター類5g。食品中の脂肪からとるエネルギーは所要量の20～25%に。

砂糖 とりすぎは生活習慣病の一因、注意。

毎日の食事に 何をどれだけ食べたらよいでしょう

表1　女子(30～49歳)の１日の栄養所要量(生活活動強度Ⅱやや低い)

エネルギー	たんぱく質	脂肪エネルギー比	カルシウム	鉄	V.A（レチノール当量）	$V.B_1$	$V.B_2$	V.C
1750kcal	55g	20～25%	600mg	12mg	540μg	0.8mg	1.0mg	100mg

第６次改定日本人の栄養所要量（科学技術庁資源調査会・編）

表2-1　１日の食品の目安量（栄養所要量をもとにした１日にとりたい食品の組み合わせ）

（廃棄量を除いた正味の目方　単位g）

食品群 / 年齢性別	牛乳・乳製品	卵	肉・魚	豆・大豆製品	野菜	果物	穀類	油脂	砂糖
女子(30～49歳)	205(チーズ5含)	40	100	80(みそ10含)	400(青菜60芋50含)	150	240	15	20

全国友の会南関東部案

表2-2

１週間の目安量として考えてもよい食品
肉…350g
魚…350g
芋…350g
豆・大豆製品…560g(とうふ１丁300g、ゆで大豆40g含む)
果物…1050g

表2-3　年齢にあわせて増やすもの、減らすもの（女子30～49歳と比較）

	小学校低学年	小学校高学年	中高生	成人男子	高年70歳以上(男・女)
牛乳・乳製品	＋195g	＋195g	＋195g	±0	±0
卵	＋10g	＋10g	＋10g	±0	±0
肉・魚	±0	＋20～30g	＋10～40g	＋20g	±0～－20g
豆・大豆製品	－10g	±0	±0	±0	±0
野菜(青菜・芋)	－130g	±0	＋芋50g	±0	±0
果物	±0	±0	±0	±0	±0
穀類	－10～40g	＋10～30g	＋30～160g	＋110g	±0～－60g
油脂	＋5g	＋5～10g	＋10～15g	＋5g	±0～－5g
砂糖	±0	＋5g	＋5g	±0	±0

表3　朝・昼・夕の食品の配分例（女子30～49歳）

（単位g）

<table>
<tr><th></th><th>牛乳・乳製品</th><th>卵</th><th>肉・魚</th><th>豆・大豆製品</th><th>野菜</th><th>果物</th><th>穀類</th><th>油脂</th><th>砂糖</th></tr>
<tr><td>朝</td><td rowspan="3">205</td><td>40</td><td></td><td rowspan="3">80</td><td>100</td><td rowspan="3">150</td><td rowspan="3">240</td><td rowspan="3">15</td><td rowspan="3">20</td></tr>
<tr><td>昼</td><td rowspan="2"></td><td>40</td><td>100</td></tr>
<tr><td>夕</td><td>60</td><td>200</td></tr>
</table>

＊卵40g…１週間で５個を目安に

忙しいときこそ役立つ献立と記録

「ひと手間かけて能率よく」が実行されます。

　台所仕事をくりまわすことができるようになると、食事づくりの荷がずっと軽くなります。材料も、つくったものもくりまわして、一度の手間を最大限に活用しましょう。

　また、忙しいときほど「献立」が役に立ちます。献立を立てるということは栄養や経済の見当がつくばかりでなく、台所仕事の時間や労力の点でも助かります。初めは2日分だけでも大違い、そしてp.73の伊藤さんのように主菜を3日分ずつ考えておく、p.19の前田さんのように1週間分の主菜の材料の型紙をもつ、などができるようになれば、無駄な買いものをせずにすみます。献立がないためにこれもいるだろうか、あれも…と買ってしまった材料が冷蔵庫の中に忘れられていたんでしまったということも減るわけです。

状況にあわせて献立変更も

　せっかく献立を立てていても、予定していたものがない場合もよくあります。予定のものより廉価でよい品が別にあれば、その場でさっと「献立変更」しましょう。変更することは新たに考えるよりずっとかんたん、時間もかかりません。たとえば、めかじきの鍋照り焼き（p.39）のつもりだったのが、生鮭の照り焼きに、ほうれん草としめじのおひたしが春菊としめじになっても献立がある快適さはほぼ同じです。

　材料の吟味は、食事づくりに欠かせませんが、旬の素材には生でも、さっと火を通すだけでもおいしく仕上がる旨みがあります。「旬の野菜と魚たち」もお役立てください。

レシピノートがレパートリーを広げます

　レパートリーの数が多ければ多いほど、くりまわしがスムースになり、素材の無駄を出さずにつかいきることができるようになります。新しい味、いつでも未知に挑戦！の気概を忘れずに新しいレシピを増やしていきましょう。

　手持ちの器に合わせると…、○kgの肉を○度で○分＝ちょうどよい、などの制作メモや、家族の評まで記録しておけば、いつかあなたが頼りにするレシピブックになるでしょう。

　「わが家バージョンの記録を、参考にした本に直に書きこんでいます。こうしておくと来客など失敗したくないときに助かります」と、いちいちノートに書き写さず、記録している方もあります。記録の形式をどのようにするかはつかい勝手も違うので一概には決めかねますが、ノートにするかカードにするかなど、p.89も参考になさってください。

旬の野菜と魚たち

	春	夏	秋	冬
野菜	菜の花 春菊 根三つ葉 アスパラガス パセリ 春キャベツ えんどう そら豆 うど ふき たけのこ 新じゃが芋 新玉ねぎ	枝豆 オクラ とうもろこし なす きゅうり トマト ピーマン かぼちゃ ゴーヤ(苦瓜) モロヘイヤ みょうが しそ らっきょう	さつま芋 やまの芋 里芋 きのこ	ほうれん草 かぶ 小松菜 ブロッコリー カリフラワー 長ねぎ 白菜 京菜 大根 ごぼう れんこん
魚	さわら にしん めばる きす かつお たちうお はまぐり あさり さざえ いいだこ	あじ すずき いさき あゆ とびうお するめいか あなご はも うなぎ どじょう	さんま いわし かます さば いぼだい めかじき	まだい たら まながつお ひらめ かれい ぶり あんこう かき しじみ かに

冷蔵庫と保存

食材管理のカナメは冷蔵庫。何がどこにあるか、いつでも分かっていますか？

今日の、明日の、3日分の…と、用意した食材の大半が冷蔵庫の中にしまわれます。

乾物や調味料のような常温保存品は、在庫切れしていないかだけが問題ですが、冷蔵庫に収まるもののほとんどは、生鮮食品と調理品です。うっかりすると「あったはずなのにどこに行ったか分からない」、存在すら忘れられて「ミイラ化ニンジン」出現！になりかねません。

必要なものが必要なだけ入っていて、隅々まで管理の目が行き届いている冷蔵庫、それはだれにもつかいやすくそうじもしやすい、使い勝手のよい冷蔵庫です。

必須アイテムの指定席を決める

下の例は「みそ汁セット」「朝食セット」などを指定の場所におさめ、その指定の棚にラベルを貼って分かりやすくしている窪川洋子さんの場合。きらしたくない野菜にも指定席があります。あなたなら何に指定席をあたえますか？

こんなことにも気をつけて

中のものが見える容器に

できれば上からも横からも透けて見える容器に入れてあると、扉を開けて見渡すだけでどこに何があるかが分かってつかいやすい。重ねて具合がよい形を。

冷凍するもの

自分でつくったものを冷凍するときは「おいしいもの」だけを。1回分ずつ小分けして入れるのが基本、お弁当のおかずも便利。たくさんできてしまったけれどイマイチ…と思うものは、解凍の手間をかける気にならず、結局いためてしまうことに。

市販の冷凍品は賞味期限を確かめ購入。「1カ月以内」と思ってつかいましょう。

そうじは「こまめ」＋「定期的」

汚したらすぐに拭けば、水拭きだけできれいに。野菜ボックスなどは気づかないうちにトレイの下にも汚れがまわるので、定期的に（P.56）水拭き、ひどい汚れには中性洗剤を薄めてつかい、あとをお湯で拭きとります。

庫内の温度は5℃以下に

低温を保つために出し入れの回数を減らすことは、電力消費量からも必要な配慮です。もちろん食中毒対策上からも押さえたいことです。温かいものは必ず冷ましてから入れましょう。

冷蔵庫の中にも定位置を

使った人がもとの場所に戻せるように、ラベルを貼っておく。定位置があいているときは、買いどきサイン。豆、大豆製品も毎日の食事にとり入れやすくなった。　窪川洋子（松戸）

常備しておきたいにんじん、玉ねぎ、じゃが芋、キャベツ、長ねぎなども定位置をもらう。
多めにつくったもの(赤飯、ぎょうざなど)は冷凍庫に。
合計405リットル。赤丸は指定席。

忙しい日の心づもりとかんたんレシピ

アンケートから

ほんとうに忙しいときに役立つ台所の知恵、かんたんレシピをまとめました。

■お芋料理のレパートリーが増えるととにかく便利。このおかか炒めは和、洋どちらの献立にも!（小無田亮子・久留米）

ポテトのにんにくおかか炒め
じゃが芋は皮をむき、丸のまま薄く切って水にさらす。フライパンに油をひいてにんにくみじん切りを香りよく炒め、じゃが芋の水けをきって加え、シャキシャキ感を残して炒め、塩、酒、しょうゆで味つけし、かつおぶしをまぶしてでき上がり。

■疲れて帰ってくると、のどごしのよい水分の多いおかずがうれしい。出かける前に野菜の準備をしておきます。（佐原路子・岡崎）

実だくさんスープ
じゃが芋、玉ねぎ、にんじん、トマト各1個、ベーコン2枚、ローリエ1枚、青味はあるもので。すべて拍子木切りにして出かける。帰ってきてからにんにくを炒め、野菜を全部入れてさっと炒め、水3カップ、コンソメ1個、ワイン少々を入れる。野菜の代わりにカットわかめで、あっさりとスープ仕立てにし、きざみねぎやごまをふってお茶漬け風にいただくことも。

■一口サイズのお好み焼きはふだんにもお客様にも。（福原周子・高松）

お好み焼き
生地の材料を順に混ぜ、ホットプレートに落として具をのせて焼く。かつお節ともみのりをふる。ソースは好みで。
生地（3人分）　薄力粉・だし各1カップ、山芋またはれんこんのすりおろし50g、万能ねぎ小口切り大さじ3〜4、紅生姜みじん切り大さじ1、せん切りキャベツ200g、卵2〜3個、塩・天かす各少々
具　かきと春菊
たらこと万能ねぎ
えびとアスパラ

■思いがけず遅くなったときは帰る道々シミュレーション…（的場明子・大分）

献立と手順を頭の中でシミュレーションし、集中力を高める。珍しくもない献立だが集中すればふだんよりもっと短時間でできる。

たとえばシチュー。帰るなり、じゃが芋、玉ねぎ、にんじんの皮をむき、肉とともにブイヨンで水から煮る。やわらかくなったらトマトの水煮（缶）を加える。その間に圧力釜でご飯を炊き、キャベツ、きゅうり、シチューからとり分けておいた玉ねぎをきざんでジュリアンサラダをつくる。

■朝食づくりと併行して夜の準備を。（新井良子・大和）

朝起きてから外出までの2〜3時間は実につかいでのあるもの。煮もの、煮豆、すき昆布、ひじきなどを朝食づくりと併行して準備する。精進揚げなどは野菜を切って冷蔵庫に入れておく。材料が冷えているのでカラッと揚がり、一挙両得！

■忙しいときこその心くばりは…（仙頭ヤエ・高松）

・食卓に忙しさをもちこまない
・いつも以上、器に気をつける
・あしらいも大切に
・野菜に重点
あくの少ない野菜は電子レンジで手早く加熱。キャベツ レタス 白菜 玉ねぎ カリフラワー アスパラガス なす にんじん　かぼちゃ じゃが芋など、切り方、盛りつけの工夫でたっぷりとした立派な一品に。肉みそをかけてもおいしい。

時間にゆとりがないときに迷わずつくる…（北野美津子・帯広）

豚丼と玉ねぎサラダ
薄切りの豚肉とえのき茸を炒めて塩、こしょう、みりん、しょうゆで味つけ。ご飯に花かつお、焼きのりをのせ、豚肉とえのき茸を盛り、白髪ねぎをそえる。
スライスした玉ねぎにちくわ、花かつおをそえ、油としょうゆの同割りを煮立たせてかけるサラダがよくあう。

魚と野菜と海藻を重ねて電子レンジで加熱、そのまま食卓へ。（滝田里子・名古屋）

白身魚とわかめのチーン
お皿にもどしたわかめをたっぷりしき、その上に白身魚またはとり肉、三つ葉、きのこ類を重ね、酒、塩をふってレンジへ。蒸してもよい。でき上がったらレモンを添えて食卓へ。

台風通過の多い沖縄では、買いものにいかなくてもすむ〝乾物料理〟が活躍します。（東江みや子・沖縄）

麩イリチー
車麩は適当にちぎって塩水でもどし、ぎゅっとしぼって塩少々を加えたとき卵にひたす。油を熱して麩を炒め、別皿に移して鍋に油をたし、薄い短冊切りのにんじん、ざく切りのにらを炒め、麩をもどして塩で味をととのえる。

子どもも喜ぶにんじんのおかず。ご飯にのせたり、おべんとうに入れたり…（平良純子・沖縄）

にんじんシリシリー
スライサーでせん切りにした（おろしてもよい）にんじんを多めの油で炒め、卵をまわし入れて炒りつけ、塩、しょうゆ、砂糖少々で味つける。

お肉を焼いている間にでき上がるつけ合わせ。ローズマリーの香りがお芋をおいしくします。（金子シゲ・新潟）

ローズマリーポテト
ポテトを皮つきのままこすり洗いして四つ割り（ベビーポテトなら丸のまま）、水けをふく。ポリ袋に塩、オリーブ油、ローズマリー（生葉・枝からはずす）黒こしょうとポテトを入れ、よくもんで180℃のオーブンで20分焼く。

忙しいときは、手間なし素材を上手に使う技を磨いて。（内田治子・川崎）

冷凍カット野菜や加工食品
料理のもとになるような買いおき素材があれば、あわてずにすむ。中でも冷凍野菜は下処理の手間がはぶけ、廃棄量ゼロです。

［冷凍カット野菜　缶詰］

乾物料理も気軽に

「いつでも1～2品の常備菜ができている…」、これはくりまわし上手になるコツの一つです。乾物の扱いのポイントを覚えて気軽に献立に組みこめるようになりましょう。

品名	ひじき	わかめ	切り干し大根	干し椎茸
乾物紹介	手軽に海藻の一品がととのう重宝なもの。カルシウム、鉄分が豊富 芽ひじきは葉、長ひじきは茎の部分を加熱して干したもの	わかめと昆布は常備おすすめ 干しわかめ（素干し、板わかめ、灰干しなど）は非加熱なので香りが豊か 「塩蔵わかめ」は生わかめを湯通しして塩をまぶしたもの。この塩を落とし切って干したものがカットわかめ	大根を４つ割りやせん切りなどにして干したもの、種類が多くそれぞれ口当たりが違って楽しい。 東北地方の凍み大根は凍らせてから干したもの 冬に自分できざんだ大根を干してつくることも 新ものは冬に	旨み成分が豊富で、浸し汁まで必ず使う 傘が開く前の厚いものが冬鈷《どんこ》、開いたものが香信《こうしん》。分量の１枚は傘の直径約5cmのもの 保存がよいものは裏のひだが白く、キズも少ない 新ものは秋～冬
便利な常備菜と簡単おかず 他	サラダ 煮もの 梅干煮 けんちん煮 三杯酢和え、白和え キッシュ、擬製豆腐 まぜご飯	サラダ 酢のもの、ぬた 煮びたし 若竹煮 炒めもの 炊き込みご飯 茶碗蒸しの具 若竹汁、味噌汁、スープ	ハリハリ漬け 切り干し大根のナムル 炒め煮、含め煮 胡麻和え、白酢和え くるみ和え 中華風炒め 五目煮	つや煮 旨煮　筑前煮 炒りなます 五目おこわ かにたま 春巻きや麺の具 中華風あんかけ 天ぷら けんちん汁 中華風スープ
もどし方 もどし時間 分量の目安	さっと洗ってたっぷりの水に15分浸す （長ひじきは30分） 芽ひじき5～7倍に 長ひじき約5倍に 洗い方　たっぷりの水に入れてかき混ぜ、ゴミを沈ませてすくう （2回くり返す）	干しわかめ 水に10分浸す 約14倍に 塩蔵わかめ（塩分33％） 洗って水に10分浸す 約2倍に カットわかめ 水に5分浸す 約10倍に	洗ってひたひたの水に15～20分浸け、和えもの用は熱湯を通す。 4～5倍に 新ものは浸し汁ごと調理すると旨みがより感じられる 長く浸しすぎると甘みが抜け、歯ごたえがなくなるので注意	かるく洗い、ひたひたの水に浸ける 香信30～40分 冬鈷2時間 4～5倍に 急ぐときは砂糖少々を加えたぬるま湯に浸す
保存について 基本は高温多湿をさけ早めに使うこと	常温保存でも品質がほとんどかわらない	適当なサイズにカットしておくと、使いやすく、それだけで使う回数が増える （塩蔵わかめも洗わずに） 加熱、酢で色が悪くなるつくりおきは不向き	気温が高くなると糖分が変化して茶褐色になる。できれば15℃以下で保存（冷凍も可）	10℃前後、冷蔵庫の野菜室くらいの室温が保存に最もよい（冷凍可） 傘と軸を分けておくとかさばらず、もどす時間も短縮できる 軸はだしをとったり、きざみ肉団子に加えてもよい

ひじきのサラダ（4人分）
もどした芽ひじき（乾）20gをさっと炒め、かるく塩、こしょうし、炒りごまをふる。せん切りのきゅうり1本とパプリカ1/2を加えてドレッシング（レモン汁・サラダ油各大さじ2、おろしにんにく小さじ1弱、塩、こしょう）で和える。
●多めにもどして炒めるまでしておくと、加える材料や調味料を変えてサラダや和えものに、また卵料理の具にもなる。

もどし時間と4人分の目安量

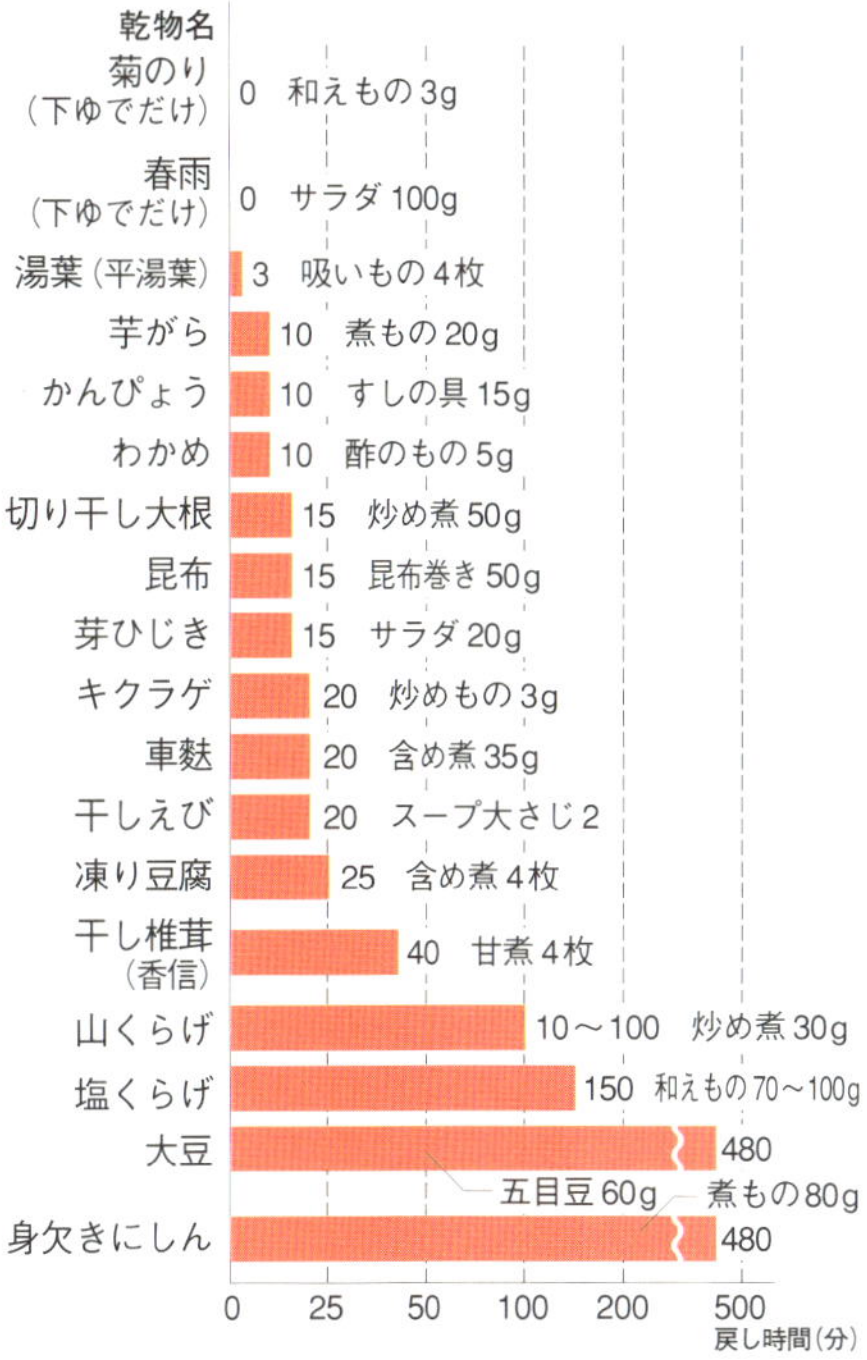

＊大豆の栄養、1日の目安量はP.40～41

ふだんのおかずに便利な乾物一覧

凍り豆腐・高野豆腐	麩	春雨	山くらげ
冬期、寒ざらしにして豆腐を凍らせた後、乾燥させてつくったのがはじまり 家庭で豆腐をパックごと冷凍した“自家製生凍み豆腐”も格別！	車麩（煮物　炒め物）小町麩　庄内麩（おすまし）など料理によってつかい分けられ、楽しい。小麦たんぱくが主原料	緑豆春雨は、こしがあり、煮とけることがない（じゃが芋澱粉からのものもある） つるりとした食感で主菜、副菜を引き立てる、名脇役かも！	コリコリとした歯ごたえの中国野菜。常備菜としてお弁当にも 今はほとんどが輸入品だが、国内でも生産がはじまっている 4、10月に新物が入荷される
含め煮 揚げ煮 印籠煮 炊き合わせ 卵とじ そぼろ 味噌汁	焼き麩と わかめの卵とじ 麩ときゅうりの ごま酢和え 車麩のイリチー おろし和え すきやき 庄内麩の吸い物	和えもの サラダ 白菜との煮込み 炒めもの（野菜） 春雨から揚げ 菊花揚げ（衣） 肉団子 あんかけ 春雨のスープ	炒め煮 含め煮 マヨネーズ和え 胡麻和え 味噌汁 浅漬け
60度の湯に浸して25分おく。 約6倍に 水を張ったボウルの中で両手に挟み押ししぼる。水を替え濁らなくなるまで もどしたものをしぼり、だしの味を充分含ませるのがこつ	車麩 20分水に浸して しぼる 4～5倍に 小町麩 5分水に浸す 約13倍に 庄内麩はぬれ布巾で20分ほど包んでから切る	緑豆春雨は沸騰湯で1分ゆで、ふたをして5分おく 4～5倍に （加熱調理用はぬるま湯に浸して切るだけ） 芋澱粉春雨はかぶるくらいの沸騰湯に3～4分浸す。約3倍に。煮とけないように注意	1～2時間水に浸す 約5倍に 急ぐときは熱湯に10分浸して8割もどし、残りは調理しながら
もとは豆腐、古くなると香りも悪くなるので早めに	他の食品からの匂い移りに注意、開封したら早目に使い切りたい	開封したら残りをはさみで切っておくと、次からつかいやすい	常温で長くおくと、品質に関係なく変色が進む。早めにつかうか冷蔵保存で

山くらげの炒め煮（1単位）
もどして食べやすく切った山くらげ（乾）50g と短冊切りの人参50g、こんにゃく1/2枚、細切りの油揚げ1枚を炒め、種をとった赤唐辛子1本と調味料（砂糖小さじ2、酒・しょうゆ各大さじ2）を加え、さらに7～8分炒め煮する。
・山くらげだけの炒め煮もおいしい。

切り干し大根のナムル風（1単位）
もどして絞った割り干し大根（乾）80g に合わせ調味料（しょうゆ・みじん切りねぎ各大さじ2、唐辛子みそ・砂糖・ごま油・半ずりごま各大さじ1、おろしにんにく小さじ1）を入れてもみ合わせる。
●春菊、にら、みつば、せりなど生野菜を加えるとボリュームが出て、変化もつく。

伝統の味、わが家の味のお正月

くりまわしの力がいちばん生きる暮れからお正月、海の幸、庭の幸で新春の祝いの膳をととのえます。

金子シゲ（新潟）

前もっての心づもりではじまるお正月の準備は、楽しんで手づくりするおせちと越後風具だくさんのお雑煮が中心、秋口からとりかかります。年末の家事と重なる気忙しい時期、家事暦が大きな味方です。

元旦の朝の献立

一の重
黒豆　数の子　田作り
昆布巻き　八幡巻き

二の重
蒲鉾　伊達巻き　日の出羹
かき合いなます　栗きんとん

お雑煮
大根　里芋　人参　ごぼう
こんにゃく　新巻のはらみ　蒲鉾　焼き豆腐
葱　イクラ　切り餅
きなこ餅　あん餅（孫のために）

漬けもの
白菜漬け　糸うりの味噌漬け　大根桜漬け

秋になったら少しずつ準備

イクラの塩漬け…11月中～下旬につくり、びん詰めにしてチルド保存。長期保存は冷凍で。12月に入ってから漬けると固くなるので早めに。

数の子…塩出しして切り干し大根漬けに漬けこんでおく。

さば…しめさばをつくり、昆布に巻いてラップに包み冷凍（さばずし用）。

さけの焼きづけ…11月下旬につくり冷凍。

新巻鮭…最近は甘塩なので4kgほどの1尾を買い、3枚おろしにし6～7cm幅に切って塩をふり、一晩ねかせてからラップに包み、フリーザー袋に入れて冷凍。はらみはお雑煮やのっぺい煮に入れるので、2cm角切りにして冷凍。

切り干し大根漬け…11月下旬に大根を干し、12月中旬に漬ける（2～3日で食べられる）。

たくあん漬け…たくあん漬けの大根は自家産。種蒔き8月末、11月下旬収穫、干す。12月上旬に漬けて下旬から食べはじめる。

ザワークラウト…紫キャベツのワイン漬け（びん詰、冷蔵庫で保存）。

食用菊…自家産のもの。秋に収穫、冷凍保存。かき合いなますに。

栗の渋皮煮…栗の出はじめにつくって冷凍保存。

銀杏…固い鬼皮をむいてポリ袋に入れて冷凍（のっぺい煮、土瓶蒸し）。

プルーンの甘煮…種なしを砂糖少々入れた紅茶で煮る（びん詰、冷蔵庫）。

きんかんの甘煮…たくさんつくって冷凍。

りんご羹…初秋につくる紅玉ジャムの皮を煮出してとった赤い汁を冷凍保存しておき、りんご羹の色づけに使う。レモンを入れるときれいなピンクに発色する。

保存　その他

大根、ごぼうはお雑煮にもたくさん使うので、安いときに買って土の中に保存。白菜は新聞に包み段ボール箱で。土葱や玉葱、じゃが芋、里芋は大束または5～10kgのまとめ買い。

おせちの材料の黒豆、昆布巻きの昆布（芯はみがきにしん）、田作り、粉寒天、栗甘露煮、干ぴょう、青豆なども早めに買っておく。

買い物とおせちづくりの段取り

26日［買い物］かぶ（菊花かぶ）卵・はんぺん（伊達巻き）牛肉（八幡巻き）豚肉（焼き豚）さつま芋・抹茶（きんとん）とりささみ（スモークチキン）筍　絹さや　キャベツ　きゅうり　れんこん　蒲鉾　こんにゃく　白滝など

三が日の献立

	元　旦	二　日	三　日
朝	(右ページ)	お雑煮　きなこ餅　あん餅　黒豆 田作り　切り干し漬け	お雑煮　浸し豆　白菜漬け ヨーグルト（ジャム） 牛乳
昼	卵おじや (お雑煮の残りで) 漬けもの　りんご	トースト　海藻サラダ 焼き豚　半熟卵 コーヒー　牛乳　みかん	おじや（お雑煮の残りで） たくあん漬け　りんご
夜	おせち料理　さし身 焼き豚　スモークチキン 菊花かぶ　浸し豆 漬けもの　ご飯　味噌汁	どびん蒸し寄せ鍋風 さけの焼き漬け たこのおろし和え 浸し豆と冬菜のおひたし ご飯　味噌汁　たくあん漬け	さばずし さけの押しずし 甘酢生姜　おせち 吸いもの

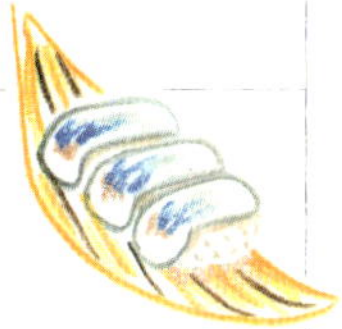

27日　田作り　黒豆　菊花かぶ
28日　昆布巻き　八幡巻き　焼き豚
　　　スモークチキン
29日　伊達巻き　かき合いなます　きんとん
　　　日の出羹
30日　[買い物]さし身魚　豆腐　三つ葉
　　　なめこ(切り餅は到来もので)
　　　りんご羹
31日　年夜の料理

おせち料理

ことことと長く煮る黒豆や昆布巻き、30分焼いて日持ちのよい伊達巻きなど、家事暦に合わせてすすめます。

冷蔵庫、冷凍庫(60Lの専用)とも12月に入ったら早めに整理、掃除。まず、中のものを書き出し、冬のメニューを参考に献立を立て、なるべく使い切るようにくりまわす。菊花かぶ(酢のもの)、田作り、きんとんは冷蔵庫に入れなくてもよく、暖房のない冷たいところに。

お雑煮

大晦日に、三が日分の大根を短冊切りにして(夫の受け持ち)、かるくゆがいて、水をはった容器に入れる。里芋とごぼうは皮をむいて米のとぎ汁に入れ、どちらも冷たいところに置く。

お正月の朝。鍋にその日分の大根と、短冊切りにした里芋、笹がきのごぼうと人参を入れ、新巻鮭のころ切り、短冊切りのこんにゃくをだし汁で煮て醬油で味つけ、蒲鉾、豆腐、葱、イクラを加える。ひと煮立ちしたら火を止め、焼き餅を入れる。

わが家のキッチンガーデン

ガーデニングをはじめて20年、いろいろな花木、野菜、ハーブを育ててきました。家の中のものに指定席があるように、庭の植物も具合のよい指定席ができるまであちこち動かし、ようやく落ち着いてきたようです。

毎年、たくあん漬けはうちの大根でつくるのが楽しみで、8月の末に種を蒔き、11月下旬に収穫。それから干して漬けこみ、12月末から食べはじめます。なますの菊も畑のものを使います。

カモミールでお茶を

カモミールの香り豊かなお茶をいただくと、よけい気分も落ち着くように感じます。生の花を冷凍しておけば、季節外にも生茶の香りが楽しめます。

青じそ、パセリ、バジルなどたくさん収穫したときは、ドライフラワーのように陰干しして、ある程度乾いたら電子レンジにかけて粉状になるまで乾かし、手でもんで、冷凍保存します。こうしておくといつまでも色があせません。いろいろな料理に使いますが、バジルブレッドに入れるのには、ドライバジルの方が香りが立つようです。ローズマリー、タイム、オレガノもドライにしておきます。

ローズマリーでリラックス

料理にはもちろんですが、お風呂に入れてリラックスできるのはローズマリーが最高。かのクレオパトラもローズマリーのバスに入って楽しんでいたといいます。レモンバーム、ローズゼラニウムなどもお風呂に。刈り込むことで木もよく育ちます。

後片づけとごみのこと──環境に配慮して

台所の水は海にまで通じて。

一仕事一片づけ（p.76）を心がけながら料理すると、食事がはじまるときには、だいたいの調理器具が片づいています。あとは食卓でつかった食器を洗い、台所を元の状態にととのえます。

食器洗い

食器は、洗う前に使い捨て布で汚れをざっと拭きとり、汚れの少ないものから洗います。すすぎはボウルにためた水にくぐらせてから、流水で流します。家庭用の水栓を全開にしたとき、1分間に流れる水量はおよそ12リットル。蛇口はこまめに閉めましょう。

もし、子どもがお手伝いしたがったら、できるだけいっしょにして、幼いうちから家事を自分のことと思えるように配慮したいもの。「水はサインペンぐらいの細さにね！」と声かけも。

「油は捨てない」が基本

調理が終わったら、油に残った水分を飛ばして（音がしなくなる）火を止め、油が熱いうちにこし紙を通して容器に戻します。容器の底のおり（澱）をぬぐっておくのを忘れずに（フライパンや魚焼きなどの油も拭いてから洗う）。

油を劣化させないために、不要な高温は避ける、新しい油を足しながらつかう、保存容器は蓋がきちんと閉まるものを、など注意します。こうしてつかいまわすと、捨てる油は出ないはずですが、やむなく捨てる場合は、つかい捨て布や新聞紙などにしみこませて可燃ごみに。

ごみを減らす工夫

いつも意識していたいのは「ごみになるものを家に入れない、増やさない」暮らし方を選択すること。食材でも家庭の適量を知って「買いすぎない」「腐らせない、傷めない」「つかいきる」。台所から出る生ごみも「ぬらさない」「水をきる」「土に返す」など、減らす工夫を心がけましょう。

生ごみ入れ　じゃが芋、大根、りんごなどの皮は、乾いたままでごみにしたいもの。広告紙を折りたたんだ「生ごみ入れ」をつかって、そのままごみに出します。

・ベランダ栽培の土に

市から希望者に配布されたバケツ2個をベランダにおいて、ボカシをつかって生ごみ処理をしている。ごみ出しが減っただけでなく、ベランダ栽培用の土に再利用できてうれしい。

荒木久代（大分）

・ごみになるものを家に入れない工夫

分別ごみとなるプラスティックトレイは家に持ちこまないように、なるべく個人の店で買いものをしている。スーパーで買う際は、トレイ入りの肉類は、その場でポリ袋に入れ替え返却。

川野映子（伊勢）

生ごみ入れの折り方

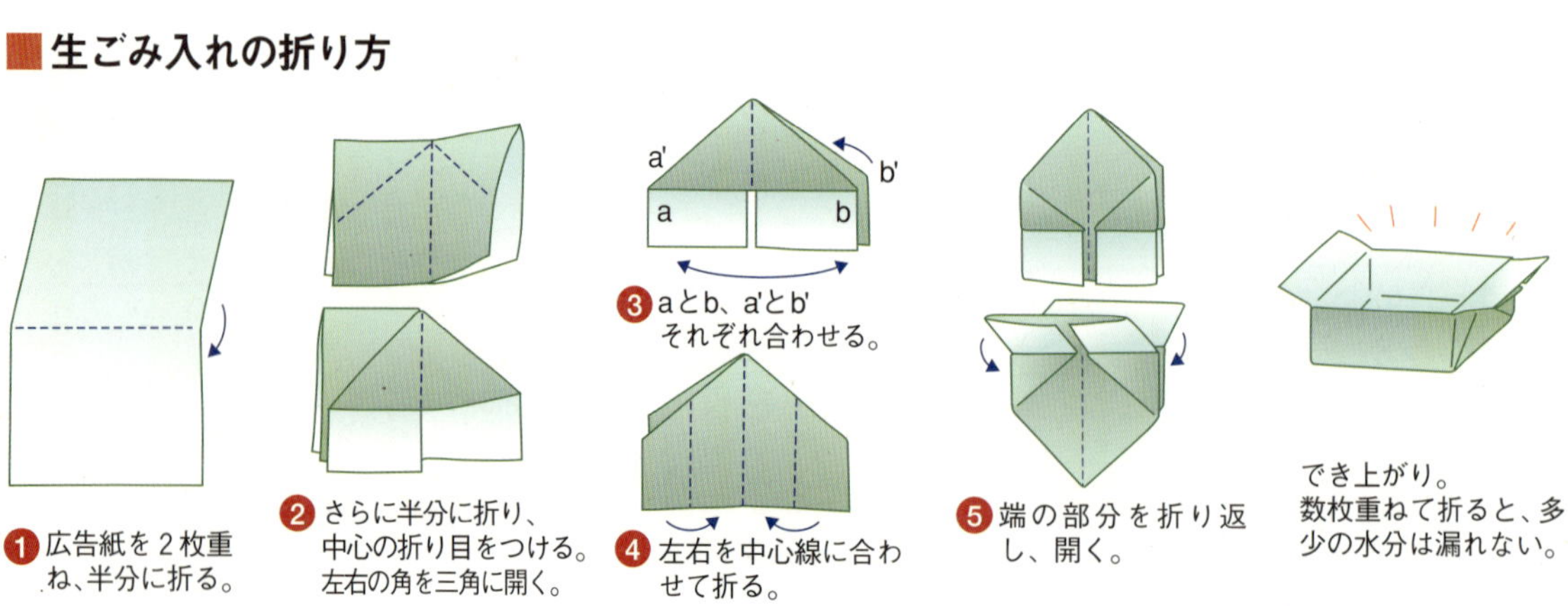

❶ 広告紙を2枚重ね、半分に折る。

❷ さらに半分に折り、中心の折り目をつける。左右の角を三角に開く。

❸ aとb、a'とb'それぞれ合わせる。

❹ 左右を中心線に合わせて折る。

❺ 端の部分を折り返し、開く。

でき上がり。数枚重ねて折ると、多少の水分は漏れない。

たたんでしまえる鍋帽子®

材料（鍋25～28cm用）

〈表布・裏布〉
ウール
表布用90cm幅1.3m
裏布用90cm幅1.3m（木綿でも）
〈中布〉
古毛布、古セーターなど
（わたを入れるとたたみにくくなるが、手芸用化繊わたなら300g。「わたの重さと同じ」重さを目安に中布の厚さを考え、軽ければ2重に）
化繊のフリースは保温効果が低く不向き。
〈とじ糸〉

型紙

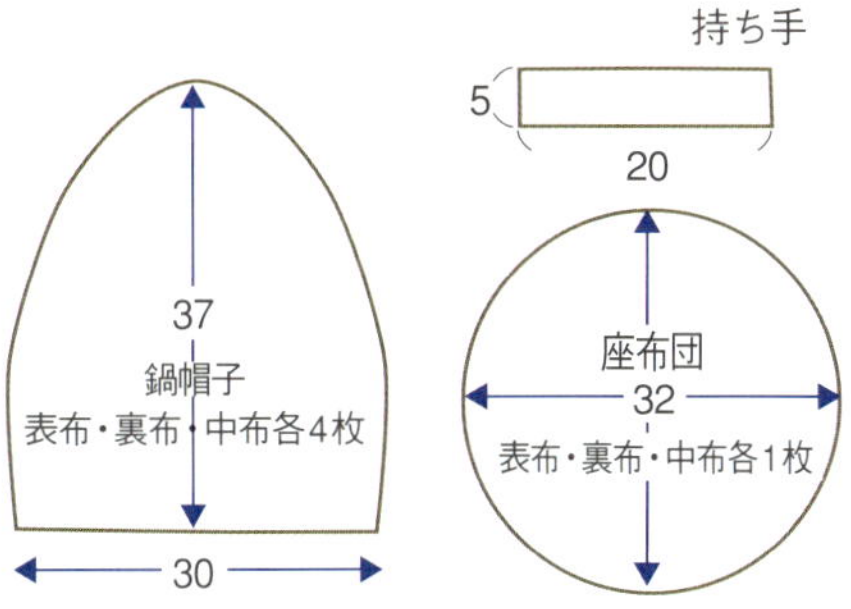

数字はcm。
縫い代は裾4cm、両側は1.5cm、座布団は1cm、持ち手は不要。
中布の裾は縫い代不要。裏布は表布より少し控えて裁つ（布地の厚さによって加減する）。

つくり方

鍋帽子

1. 持ち手をつくる。4つ折りにし、両端にステッチをかける。
2. 表布、裏布各4枚をそれぞれミシンではぎ合わせる。
3. 中布（毛布）は縫い代を重ねてミシンで縫う（わたを入れる場合は上部を厚めに）。
4. 表布の裏側に中布をかぶせ、裾は表布でくるんでしつけをする。
5. 中布の上から裏布をかぶせ、全体が動かないように要所要所をピンで止める。裾は表布より少し控え（0.5cm）てしつけ。
6. 裾の端と1.5cm上にステッチをかける。
7. 中布が動かないように4カ所、表布から裏布まで針を通して止める（糸の始末を房飾りのようにしてもかわいい）。
8. 上部に持ち手をミシンでつける。

座布団

1. 表布と裏布を中表に合わせ、20cm残してぐるりとミシンで縫う。
2. 表に返して、縫い代分を切り落とした中布を入れ、あきをとじる。

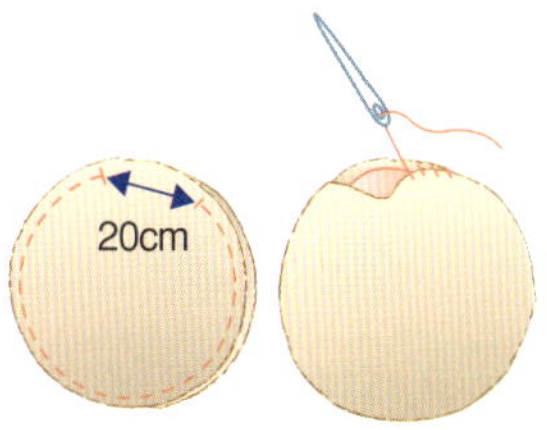

ゆっくり冷めながら味がしみ、香りも旨みも豊かな保温調理法。専用鍋も出ていますが、手持ちの鍋にかぶせるだけのこの鍋帽子は、調理にほどよい保温効果で、おいしさには定評つき。帰宅時間がまちまちでも温め直しが簡単です。

つくり方の例をあげると、

- **茶碗蒸し**　器が1/3ほどつかる湯を沸かし、器を入れて中火で4分、火から下ろして鍋帽子をかぶせて15分（三つ葉は最後に）。
- **スープ煮**　アクをとりながら10分煮て（調味）、火から下ろし鍋帽子をかぶせて2時間（蕪、セロリ、キャベツなどは火から下ろして入れる）。
- **ゆで豚**　香味野菜と塩少々を入れた手引き湯に、湯通しした肉を入れ、弱火で10分、火から下ろして鍋帽子をかぶせ冷めるまで。

など、調理の基本はかわりませんが、細菌の繁殖しやすい35～50度に長くささないように気をつけましょう。夏場は2時間ほど経過したら再加熱します。

たためる薄さで
保温効果はかわらない
（広島友の会考案、浦和友の会制作）
＊全国友の会の鍋帽子の開発、普及活動は平成14年度地球温暖化防止活動による環境大臣表彰を受けた。

手づくりエプロンとテーブルウェア

家の中に手づくりしたものがあると、やっぱりどこかあたたかい…。
わが家で大活躍のカフェエプロンとテーブルウェアのいくつかを紹介します。

小野理絵

【エコバッグ】
なんでもない生成の布でつくったエコバッグ。ポケットの布は、自分で描いたイラストをプリントごっこで刷ったもの。ふだんは、リサイクルに出す牛乳パックを入れておき、買いものに行くときにさっと持って行きます。玉ねぎやじゃが芋を入れて台所につるし、ストッカーとしても使用。

私は〝つくる〟ということが本当に好きなんだと思います。クッションやカーテン、ぬいぐるみ…などの縫うこと以外にも、紙やビーズで小ものをつくったり、料理やお菓子をつくったりと、家事の中にはたくさんの〝つくる〟があって、日々やらなくてはならないことも、しぜんに楽しんでいるのかもしれません。いつものものにひとつプラスするだけでも愛着がわいたり、大事にしたりできるような気がします。

　布ものをつくるときは、見た目の印象を大きく決める色合わせと柄合わせに、一番心を遣っています。ここに登場するものはどれも、ベースとなる色はブルーやベージュなどのやさしい色、そこにストライプやドット柄の布を重ねます。小さなボタンや柄のテープをアクセントにつけるのが私のこだわりです。ふだんの暮らしにどんどん使って何回でも洗いたいので、素材はコットンが基本です。

　最近は、工作家としての作品づくりの時間も増え、2人の息子は「今度はなにをつくっているの?」と必ず聞いてきます。それが興味のあるものだと「次はうちのもつくってね」とも。心をこめてつくったものを初めて使うときが、なんとも言えないうれしい瞬間。みなさんも手づくりをひとつ増やしてみませんか。

無地、ギンガムチェック、水玉、手描きのイラストをプリントした布を組み合わせたリバーシブルのコースター。テープやひも、手縫いのステッチをポイントに。

表地はベーシックな無地、裏地はチェックの布でつくったリバーシブルのランチョンマット。こんなふうに手づくりのテーブルウェアを広げ、焼きたてのお菓子で友人をおもてなし。子どもたちとのおやつタイムも私が大切にしている時間です。

かんたん カフェエプロン

シンプルで使いやすく、
布使いにこだわったカフェエプロン。
さっと腰に巻きつけて日々の家事も軽快に。

●用意するもの

本体	ソフトデニム（ベージュ）	40×54cm
	（＊仕上がり寸法35×50cm）	
ポケット	コードレーン（水色）	18×24cm
	木綿地（生成地）	18×18cm
	プリント木綿地（ベージュ水玉）	5×5cm
綾織りテープ2cm幅（ベージュ）		85cm×2本（S～Mサイズ） または95cm×2本（Lサイズ）
チロリアンテープ　1.8cm幅（花柄）		7cm（ポケット脇） 5cm×2本（腰ひもの端）
ボタン　直径0.7cm（水色・アイボリー・薄紫）		各1個

＊すべて縫い代こみのサイズ（縫い代はすべて2cm。本体のソフトデニムの上部のみ、3cm）

❶ 3辺（右、左、下部）とも裏側に三つ折りにして縫う。

❷ 上部（布のみみを利用）を二つ折りにし、間に綾織りテープをはさんで縫い合わせる。

❸ 綾織りテープの端は三つ折りにして縫う。その隣りに、チロリアンテープを縫いつける。

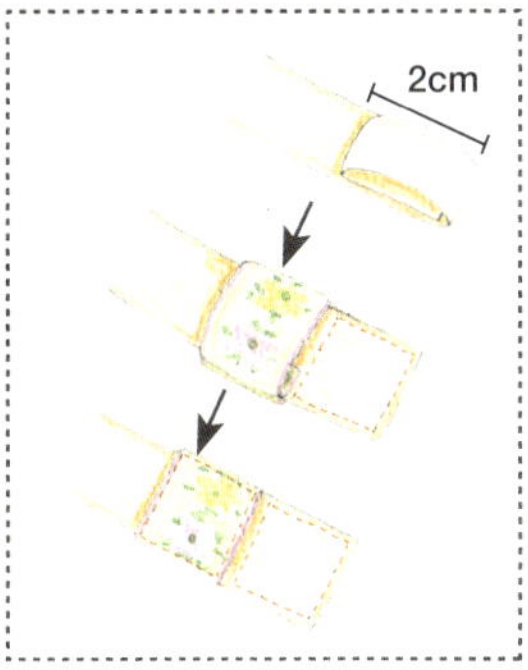

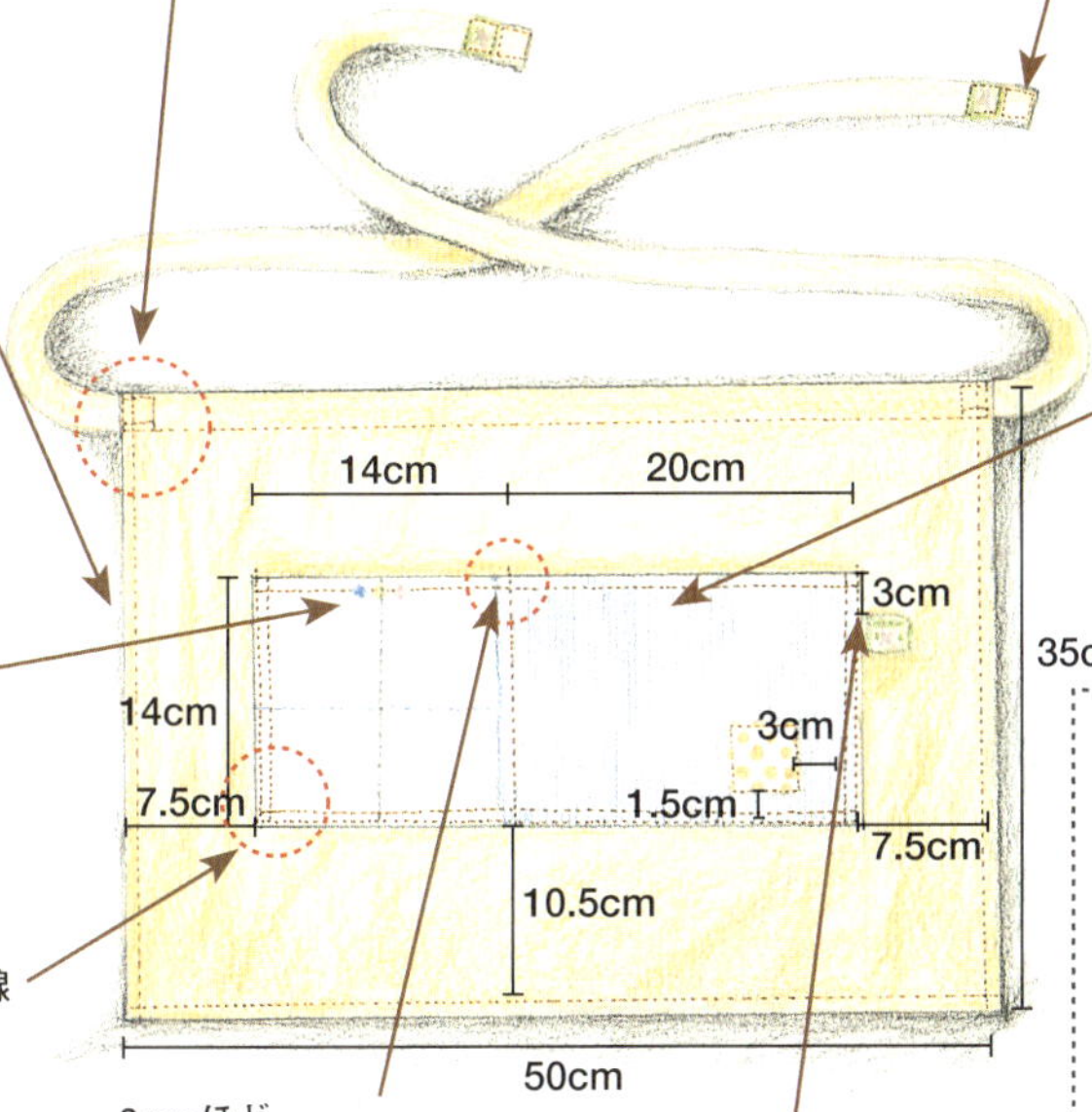

❹ ポケットをつくる。
1 2枚の布は袋縫いではぎ合わせる。
2 裏側に3つ折りにし、4辺とも縫い、ポイント布（ベージュ水玉）を縫いつける。

ポケット

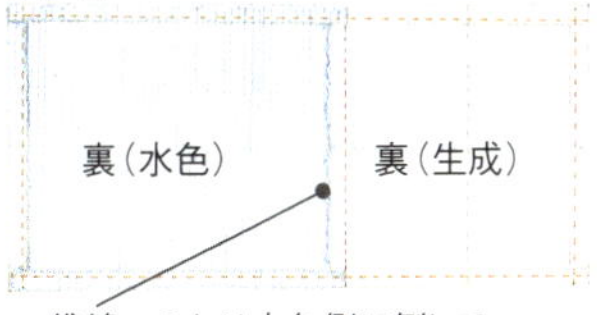

袋縫いのわは水色側に倒して。

2 のポイント布

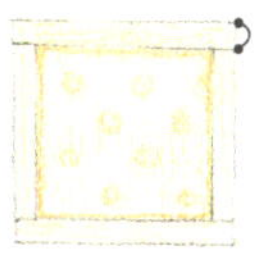

4辺とも裏側に5mm折り、そのまま図の位置に縫いつける。

❼ 最後に飾りボタンを縫いつける。

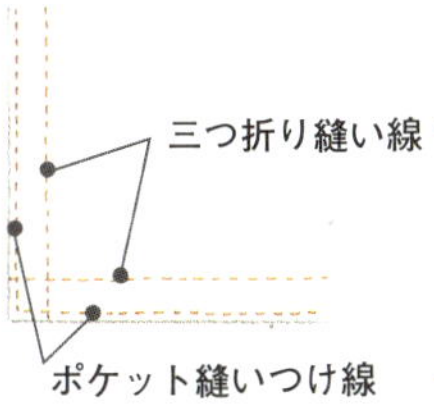

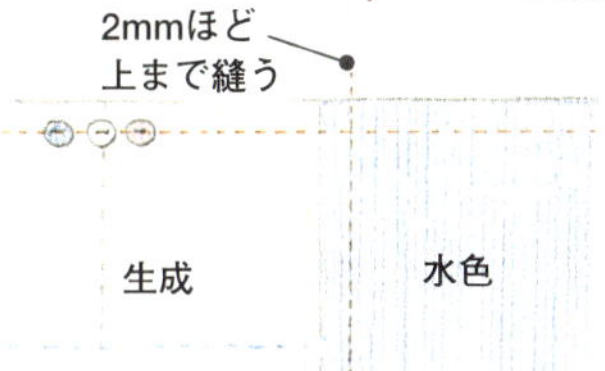

❻ 袋縫いの縫い代の、わのきわを縫って、本体に縫いつけながらポケットを2つに分ける。

❺ 本体にポケットを縫いつけるときに、二つ折りにしたチロリアンテープをはさんで一緒に縫う。

3

そうじは気軽にリズムよく

しぜんに楽しくとりかかれるそうじのリズムをつくりたいもの。そのためには…

スムーズに動ける手順とコースは?

はたきかけや、拭きそうじも合わせて、ふだんのそうじを考えましょう。

そうじは、忙しいとついあとまわしになり、もっとしなくては…と気にしながら暮らしている人が多いようです。短時間で毎日するところと周期的にするところを決め、住居と自分の体力に合った予定を立てることがポイントです。

　毎日のそうじはどんな手順、コースで行うのがよいでしょう? ほこりは上から下へと落ちるもの、また空気の流れによって動きますから、この方向にそってするのが合理的です。

　まず窓をあけて空気の入れ替えをしましょう。はたきを部屋の上から下へとかけ、ほこりの落ち着いたころ、そうじ機をかけます。どの部屋からどんなコースでまわるか決めておくと、道具のつかい方も動線も、慣れてむだなく動けます。

　順序はベランダに面した南側の部屋から始めて北側へ向かう人が多いようです。人の目にふれる玄関や外まわりから、きれいにしていくという家庭もあるでしょう。

　左は岡部聰子さん(50代)の朝のようす。そうじと洗濯は同時進行。はたきを毎日かけてほこりをためず、1階、2階の行き来のついでに雑巾がけなど、仕事がリズミカルに流れています。

「朝は家族の出勤、登校時間など決まっているので、パターンがつくりやすいと思います」と岡部さん。小さい子どものいる家庭では遊んだあとにさっとそうじする、朝早く出かける人は夜のうちに一部すませるなど、それぞれの家庭で、持続しやすい手順とコースを見つけられるとよいですね。

はたきを活用しましょう

　ほこりをためないようにするのに、こんなに便利な道具はありません。高い棚や桟にも無理なくとどき、電気製品の凹凸のほこりもぬぐいやすい。ガラスもなでておけば汚れのつき方がちがいます。

はたきは毎日かければ
ほこりは舞いません。
たまにすると………

岡部さんのそうじの手順とコース

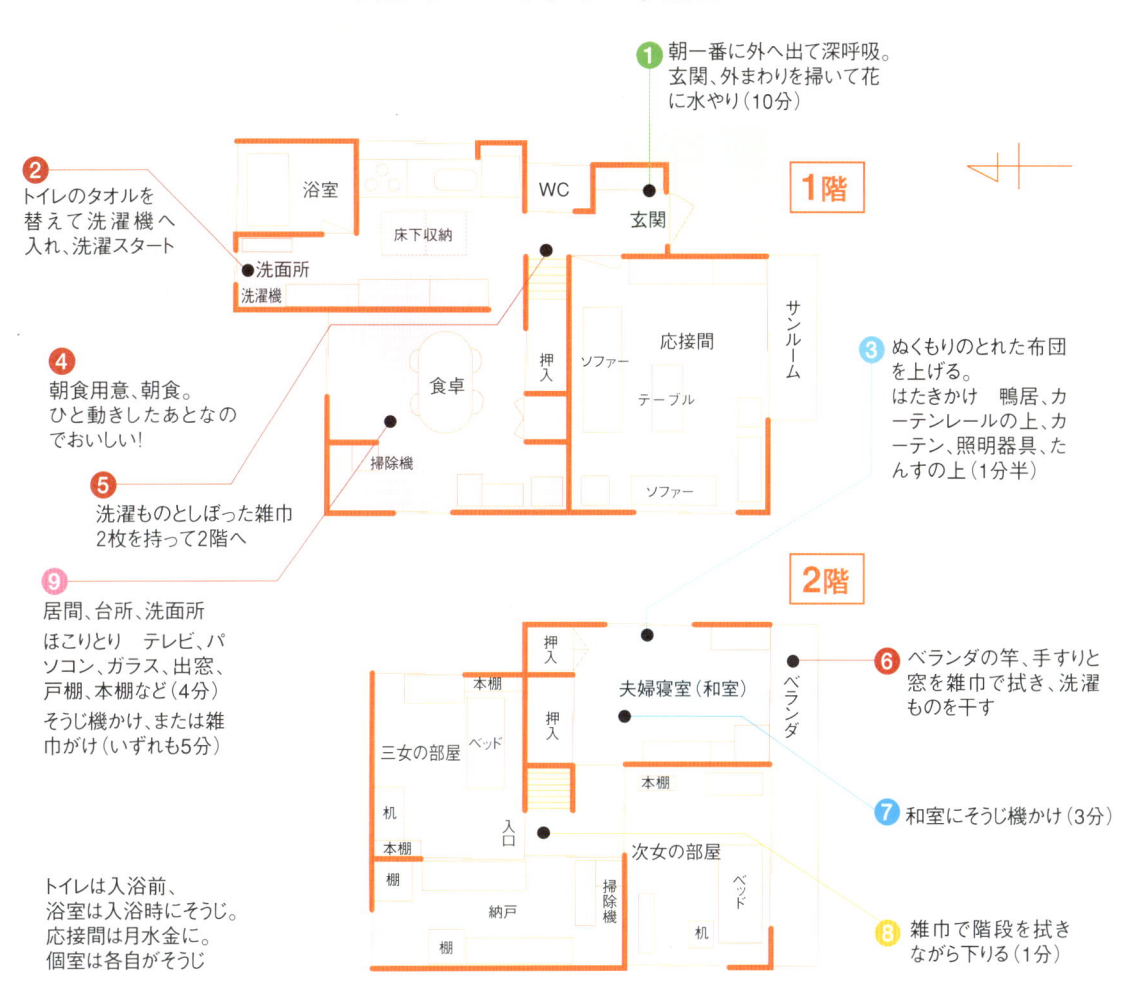

1 朝一番に外へ出て深呼吸。玄関、外まわりを掃いて花に水やり（10分）

2 トイレのタオルを替えて洗濯機へ入れ、洗濯スタート

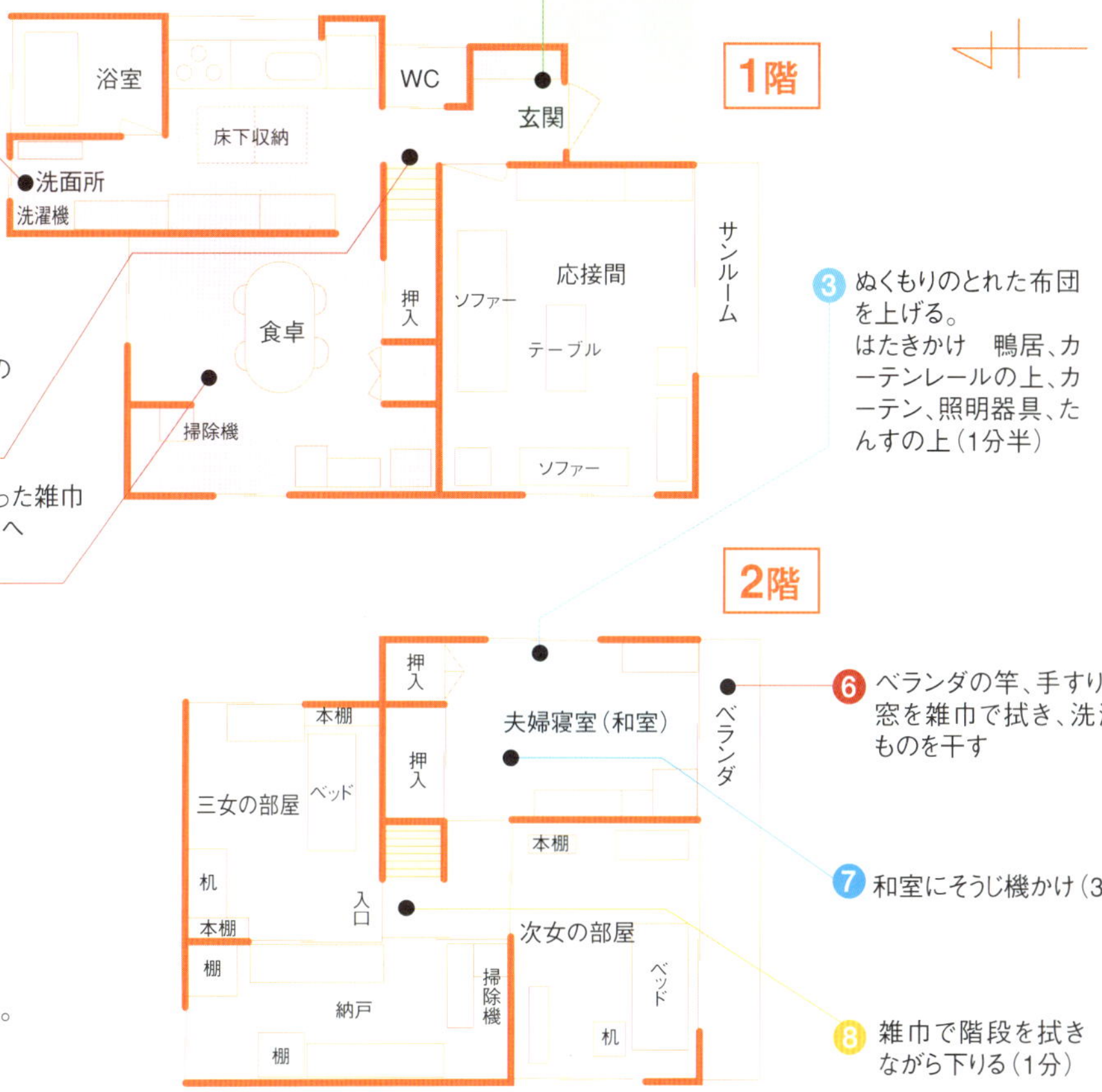

3 ぬくもりのとれた布団を上げる。
はたきかけ　鴨居、カーテンレールの上、カーテン、照明器具、たんすの上（1分半）

4 朝食用意、朝食。
ひと動きしたあとなのでおいしい！

5 洗濯ものとしぼった雑巾2枚を持って2階へ

6 ベランダの竿、手すりと窓を雑巾で拭き、洗濯ものを干す

7 和室にそうじ機かけ（3分）

8 雑巾で階段を拭きながら下りる（1分）

9 居間、台所、洗面所
ほこりとり　テレビ、パソコン、ガラス、出窓、戸棚、本棚など（4分）
そうじ機かけ、または雑巾がけ（いずれも5分）

トイレは入浴前、
浴室は入浴時にそうじ。
応接間は月水金に。
個室は各自がそうじ

揃えておきたいそうじ道具

はたき（用途に合わせて2〜3種）
雑巾（古タオルを利用）
使い捨て布（古いシャツ、タオルなど木綿地を切る。大きさは手のひらサイズを基本にその2分の1、2倍、4倍など）
ナイロンネット　歯ブラシ（細かい所のそうじに）
スポンジ　トイレブラシ　ゴム手袋　バケツ
電気そうじ機
＊化繊雑巾（台所、家具などに）、ペーパーモップ（フローリングのかんたんなそうじに）、すきまモップ（狭いところや隙間のほこりとりに）などもあると便利。
〈外まわり、玄関用〉ほうき　ちりとり
〈洗剤など〉住居用洗剤　漂白剤　クレンザー
家具用つや出しオイル（オセダーポリシュ）
床用樹脂ワックス　重曹など

ポリバタキ（P.126）
荷造り用のポリひもでつくる
壁、網戸、外まわりなどにも

羽根ばたき
軽いので高いところも疲れない
細かなほこりまでよくとれる

そうじ予定表はリズムの〝もと〟

手のとどきにくいところは、どのくらいの頻度できれいにするのがよいのでしょう？　表をつくっておくと、一目瞭然です。

つくってみましょう　わが家のそうじ予定表

	1月	2月	3月	4月	5月	6月	7月	8月	9月	10月	11月	12月
冷蔵庫	○	○	○	○	○	○	○	○	○	○	○	○
冷凍庫				○				○				○
換気扇フィルター	○	○	○	○	○	○	○	○	○	○	○	○
魚焼きグリル	○	○	○	○	○	○	○	○	○	○	○	○
食器戸棚								○				
流し戸棚（上・下）								○				
流し下の引き出し			○									
カウンターの下			○						○			
乾物戸棚					○							
床下収納							○					
浴室天井		○										
浴室かべ	○				○				○			
洗面所	○	○	○	○	○	○	○	○	○	○	○	○
脱衣所棚		○										
押入1階	○						○					
押入2階						○						
納戸		○						○				
床ワックスがけ			○			○			○			○
ガラス（1階・2階）	○	○	○	○	○	○	○	○	○	○	○	○
レースカーテン				○			○					○
厚手カーテン									○			
下駄箱					○							
玄関まわり	○	○	○	○	○	○	○	○	○	○	○	○
家の外まわり	○	○	○	○	○	○	○	○	○	○	○	○

ふだんのそうじとは別に、少し時間をかけてきれいにしたいところ、つい忘れがちなところなどがあります。多くの家事上手の人がつかっているそうじの予定表をつくってみましょう。上は前ページの岡部さんの予定表です。

まず家の中を見まわして、ていねいそうじの必要な箇所を書き出します。汚れやすいのは台所、汚れの目立つのは浴室です。戸棚や押し入れなど収納スペースも表に加え、そうじと同時に中身の整理もするとよいでしょう。

次にそのそうじをする予定の月に○をつけます。梅雨の前に食品庫整理、衣替えのときにクローゼットそうじなど、季節に関係することから記入するのもやりやすいでしょう。毎月、隔月、3カ月に1度など、汚れ具合に合わせて頻度を決めますが、わからない場合は、上の表を参考にしたり、実際にしたことを記録してリズムをつかむとよいでしょう。

ひと月に10くらい○がついていても、1週間にすれば2～3項目です。時間をかけすぎず、1項目に15～20分くらいを目安に。予定どおりできたら○に色をぬると、達成感が励みにもなります。生活に合わせて、無理なく予定を立てましょう。週1度、隔週といった頻度でそうじしたい項目は、○を4（2）分割して色をぬるのもよいでしょう。

私のかんたんそうじ【アンケートより】

「さあ、そうじ」と身がまえず、気軽に手がける工夫は…

一に片づけ、二にはたき、三は…

あーそうじができていない、と気になるのは、汚れよりものが散らかっているとき。部屋が片づいていれば、すっきりと見える上、すぐにらくにそうじにとりかかれるので、結局そうじをためずにすみます。少々眠くても5分間がんばって、寝る前の家（P.70）をととのえます。朝ははたきかけからはじめ、あとは家族が出かけたあとにそうじ機をかけるだけ。

佐藤伸子（浦和）

熱いうちにさっとひと拭き

台所のガス台や周辺の壁はけっこう油がとびますが、すぐ拭けばお湯だけでかんたんに落ちます。オーブンもつかったあと熱いうちにひと拭き。台拭きをいつも手のとどくところにおいておくのがこつです。

安田美枝子（神奈川）

入浴のときに少しずつ

浴室のそうじは入ったときに、床、壁、浴槽、備品など、10日サイクルくらいでひとまわりするようにきれいにしているので、とりたててそうじの日をとらなくてもすみます。

菅 美枝子（香川）

ついでそうじでさっぱりと

まとまった時間がとれなくても、洗面台なら顔を洗ったときに、トイレも入ったついでにさっと拭いておけば、いつもさっぱりと清潔です。

山本まりこ（大宮）

ほうきと雑巾で手早く

そうじ機を出さないで、ほうきとちりとり、半乾き雑巾のそうじのほうが早くきれいになる。

笠羽巳年子（藤沢）

＊半乾き雑巾のつくり方…雑巾の半分をぬらしてしぼり、広げて乾いているほうと重ねてもう一度しぼる。この湿り具合が拭きそうじにちょうどよい。

モップは静かで動作がらく

夕食片づけのあと、ペーパーモップにつかい捨て布をはさんでキッチンの床をそうじします。

金子シゲ（新潟）

オセダー拭きでつや出し兼汚れのガード

食器戸棚のガラス、流しの下の扉までつや出し布で拭いておきます。飛沫などつきづらくなります。

小林禎子（千葉）

＊つや出し布のつくり方…布（古い化繊スリップがよい）を湿らせて、2～3カ所にオセダーポリシュ（家具用つや出しオイル）をしみこませ、ポリ袋に入れて保存。この布で拭くと家具に落ち着いたつやが出る。

シンプルな方法が長つづき

ガラスは薄手のタオルをぎゅっとしぼって拭くだけ。スクイジーや霧吹きをつかった時期もあったが、結局この方法に落ち着いた。サッシの溝は、柔らかいスポンジに水をふくませ、スーッとたどったあと雑巾拭き。スポンジがくぼみに添ってくれるのできれいになる。

金井智子（三木）

家族みんなで暮れの家事

お正月に親せきを迎えるわが家。子どもたちと「大そうじ」を楽しんできました。

石川　弥生（横浜）

わが家は夫と私、小5の娘、小3の息子、そして夫の母の5人家族。年末は新しい年を気持ちよく迎えるために、一家総出で大そうじをしています。

はじめは〝遊び〟感覚で

子どもたちが大そうじを手伝うようになったのは、下の子が3歳になった年です。「遊びかたがた、床磨きの手伝いをさせてみよう」と、夫が陣頭指揮をとり、ワックスをかけた後、子どもたちにから拭き雑巾を持たせました。仕上げ磨きをするというより、すべるのがおもしろくて大はしゃぎでしたが、父子3人で家中を磨きあげました。

作戦会議で受け持ち確認

あれから6年、今では暮れの大そうじは、作戦会議からはじまります。教員の夫が、一段落つく終業式の頃、夫の予定や天気を考慮しながらいつ何をするか、大まかな計画を立てます。

ワックスがけ・窓拭き・玄関そうじは、子どもたちが一番力を発揮します。テーブルやソファーがなくなって広々としたリビングダイニングをワックスがけするのは、とても楽しいようです。2人で雑巾がけ競争をしながら、磨きあげていきます。

夫はこの他、正月用品の買い出し、神棚・玄関・風呂場のそうじ、そして門松や鏡餅などの正月飾りをします。玄関に自分で買ってきた花を豪快に生けるのも、夫の年末の楽しみです。

母は、仏壇と外まわりのそうじを、子どもたちといっしょにします。私は、台所や水回りを中心にそうじをし、最後の2日間は正月料理に専念します。

また、お墓もきれいにしてお正月を迎えたいと、皆でお墓参りにも行きます。幸いなことにお墓は車で30分足らずの場所にあるので、天気のよい日の午前中に行き、そうじした後、近くの広場で思い切り遊ぶのが、忙しい暮れのよい息ぬきとなります。

しぜんに分担が決まって

結婚当初は3人とも働いていたので、家事は夫も母も私も、気づいたことやできることは何でも自発的にして、協力しながらお互いに感謝の気持ちをもって暮らしていました。私は出産を機に、母もその5年後に退職しましたが、この姿勢は変わりません。ただ、食事つくりは私、食器洗いは母、庭仕事は夫と母というように、家事の分担ははっきりしてきました。

子どもにも家族の一員として家事を担っていくことを楽しみながら教えることは、とても大切なことだと思います。子どもたちも成長するにつれ、ごみ出し・雨戸閉め・テーブルセッティング・食器洗い・食事つくりなどのお手伝いをしぜんにするようになりました。

お正月にはふだん離れて暮らしている兄一家5人が母のもとにやってきて、一族10人がいっしょに過ごします。子どもにとってはいとこたちと過ごす特別な日、お正月を大切にとねがっています。

家族全員がそろって作戦会議
「ワックスがけする人は？」
「はぁ〜い！」

3 そうじは気軽にリズムよく

ワックスがけ競争。リビングの南端からキッチンまでよーいドン。オセダーポリシュだからすべらない。

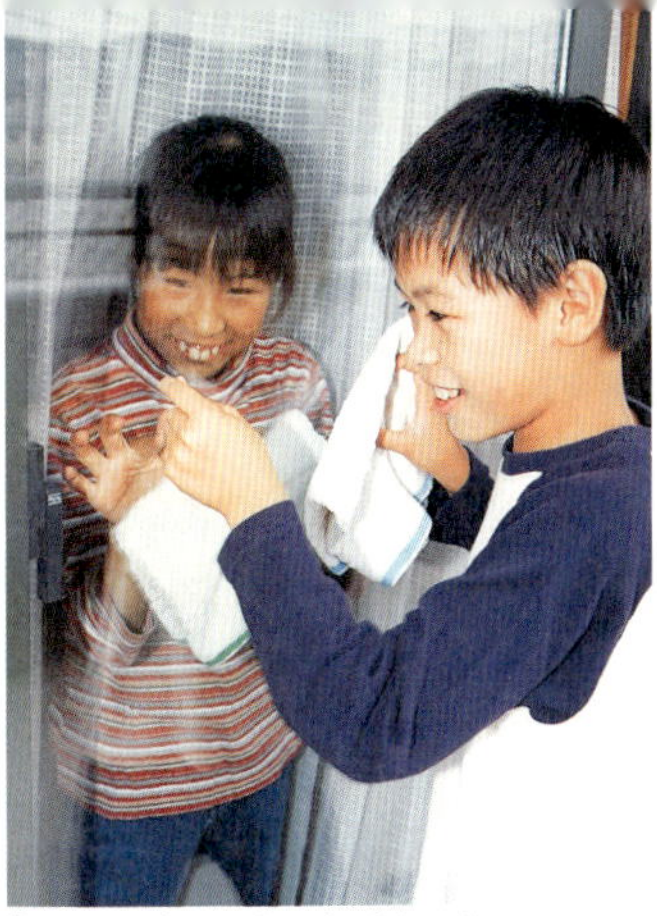

「このヨゴレはそっちだよ…」
ガラス拭きする恵《さとい》と烈《あつむ》。

［ワックス用雑巾／から拭き用雑巾／ワックスがけ用ソックス］はセットにしていつも用意。

一年生の絵日記から

おばあちゃんの網戸洗いをお手伝いするのがたのしい恵

窓ふきした日の烈

みんなでする「窓拭き」「ワックスがけ」「お墓参り」の合間をぬって、それぞれ自分の仕事を。

木製のドアや棚のとびらにもワックスがけ

お正月のお花と年末の買いものは夫の受け持ち。おもちは米屋、野菜は八百屋、お年賀はデパートへ。八百屋には私もいっしょに。

■年末の行事予定（そうじ・お正月料理など）

	25日（水）	26日（木）	27日（金）	28日（土）	29日（日）	30日（月）	31日（火）
全体	10:00〜14:30 ・友の会子どもの集まり 15:30〜　・ピアノ	・びん・缶最終 （資源ごみ）	・窓ふき（午前）	・ワックスがけ	・生協	・ごみ最終 ・古紙回収 ・みんなでお墓参り	
母			・仏壇そうじ （子どもと）	・買いもの （子どもと）		・お墓参り ・外まわり （子ども、自転車おき場）	
夫	・学校	・学校	・窓拭き ・玄関そうじ	・買いもの （おもち、松飾り） ・神棚そうじ ・松飾り ・ワックスがけ ・妻と買いもの （夕方）	・買いもの （八百屋、デパート） ・物置 ・ベランダ	・お墓参り ・風呂そうじ ・花生け	・買いもの（最終） ・玄関そうじ （最終仕上げ子どもと）
私（妻）		・買いもの （スーパー、八百屋） ・銀行（新券） ・クリスマス片づけ	・窓拭き ・台所（引き出し）	・ワックスがけ （午前とびら、午後床） ・地下収納 ・夕方 夫と買いもの （スーパー、八百屋）	・台所（戸棚） ・物置 ・洗面所 ・トイレ	・お墓参り ・帰りにスーパーへ ・台所（つり棚）	・料理
子どもたち	・毎日 ・朝食片づけ（烈） ・昼食片づけ（恵）		・窓拭き ・仏壇そうじ	・買いもの （おばあちゃんと） ・ワックスがけ（床）	・くつ洗い ・部屋片づけ	・お墓参り ・自転車おき場そうじ	・料理の手伝い ・玄関そうじ
お正月料理					・（朝）数の子塩だし ・（夕）しいたけもどす ・（夜）黒豆浸す ・数の子つけ込む	・黒豆（煮る） ・しいたけ（煮る） ・サーモンマリネ	・なます ・煮しめ ・きんとん （栗、パイナップル） ・田作り、豚角煮

作戦会議はお父さんの休みの23日頃
兄一家来訪は1月1〜2日

だれよりも豪快で上手！

私は小間切れ時間で台所、洗面所、トイレの大そうじを終わらせる

みんなで家事を　家事力＝自立力［アンケートより］

家事を抱えこまず、家族の得意分野や持ち時間に応じて賢く割り振っていくことも、コントロールタワーである主婦の腕の見せどころ。持続する分担法は？

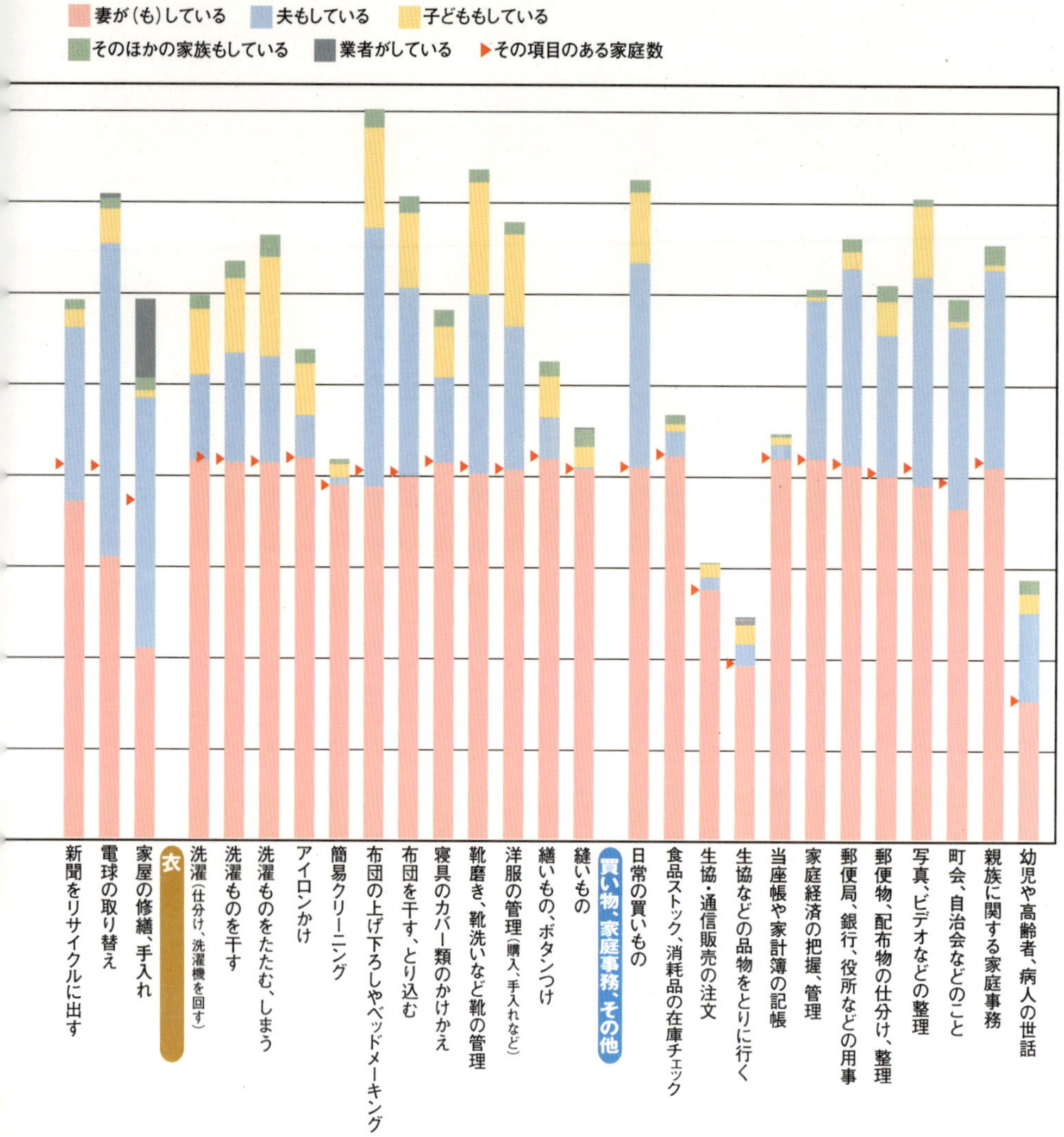

どんな家事をどのくらい？

衣、食、住、家庭事務合わせて59項目をあげ、誰がどのくらいしているか記入して頂きました。妻が完全に家族にまかせられる家事はごくわずか。ほとんどすべての項目にかかわっており、主婦の仕事の広範囲ぶりがわかります。

■妻が主にしている家事

分担度が低かった家事は、家計簿記帳、献立作成、パンづくりなど、専門的、管理的なこと。加えてトイレや洗面所、玄関そうじもほとんど妻の仕事に。みながつかうところなので、気づいた人がしたり、順番制でもいいかと思います。消耗品や食品の在庫も、見やすいおき方を工夫したり、リストを貼っておき、買いものに行く人がチェックすれば、一手間省けるでしょう。アイロンかけ、ボタンつけも基本的には誰でもできるようにしておきたいですね。

■夫がしている家事

トップ3は車の手入れ、電球の取り替え、家屋の修繕。得意分野は完全にまかせられると気持ちも楽ですが、電球や大工道具のおき場もわからない、ということはないように。ごみ出しをする夫は50%ですが、「ごみ出しの用意」となると34%。個室のごみは各自が1カ所へ入れる

どんな家事をしていますか？

30～80歳代、211家庭のアンケート。うち、家事分担ができる子どもがいたのは85世帯。
グラフは、程度の大小にかかわらず、その家事をしていると答えた人数。

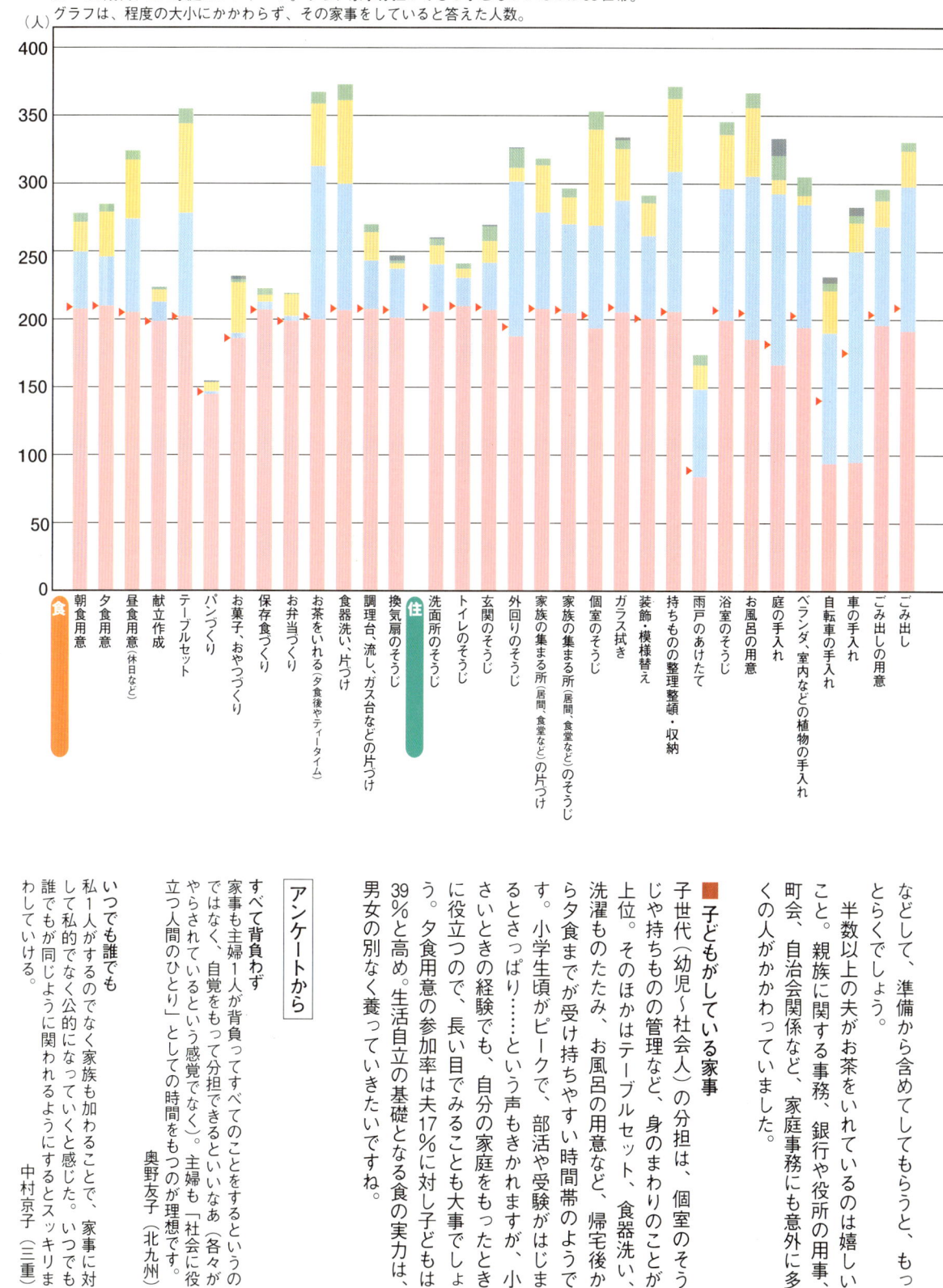

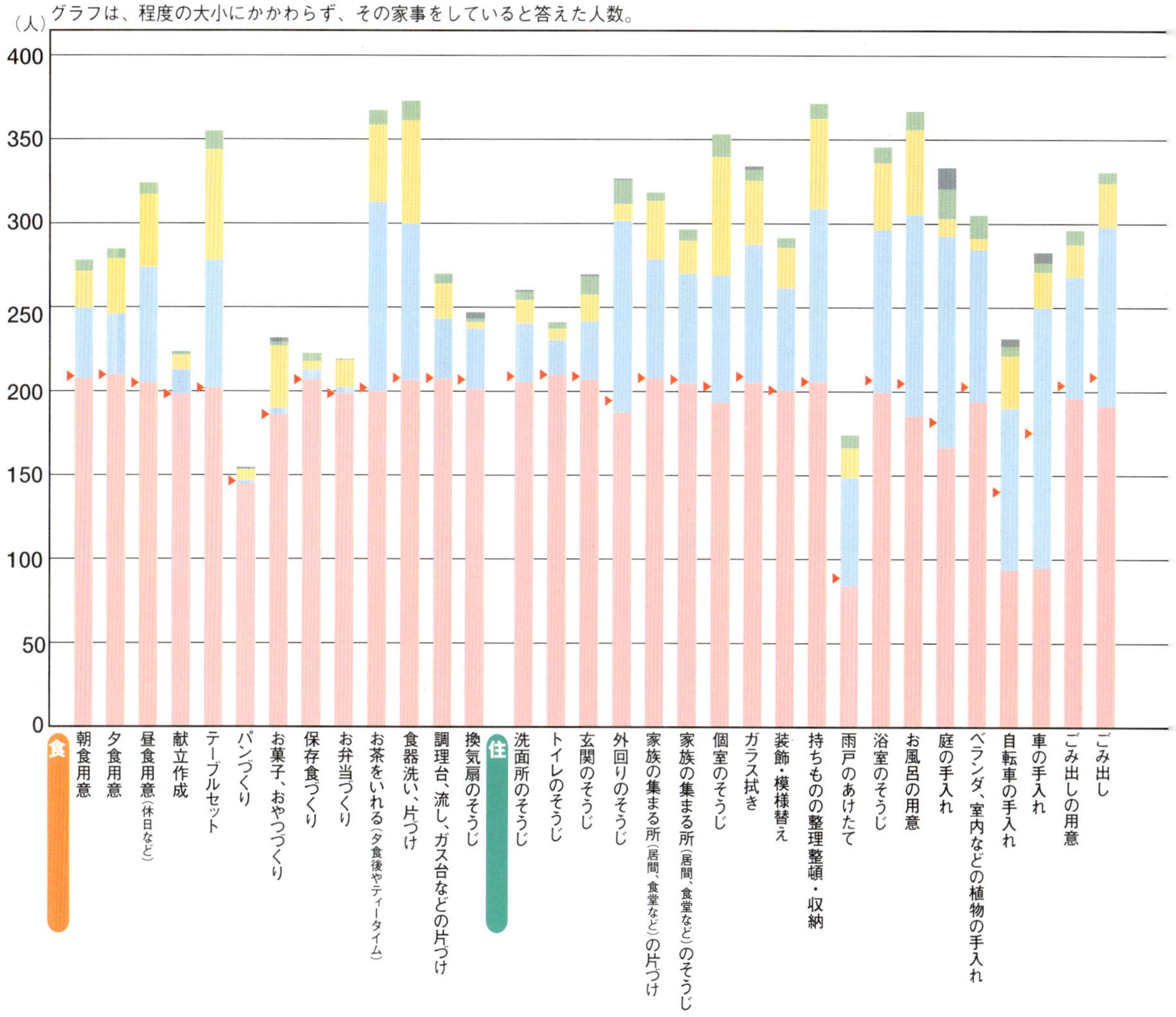

などして、準備から含めてしてもらうと、もっとらくでしょう。

半数以上の夫がお茶をいれているのは嬉しいこと。親族に関する事務、銀行や役所の用事、町会、自治会関係など、家庭事務にも意外に多くの人がかかわっていました。

■子どもがしている家事

子世代（幼児～社会人）の分担は、個室のそうじや持ちものの管理など、身のまわりのことが上位。そのほかはテーブルセット、食器洗い、洗濯ものたたみ、お風呂の用意など、帰宅後から夕食までが受け持ちやすい時間帯のようです。小学生頃がピークで、部活や受験がはじまるとさっぱり……という声もきかれますが、小さいときの経験でも、自分の家庭をもったときに役立つので、長い目でみることも大事でしょう。夕食用意の参加率は夫17％に対し子どもは39％と高め。生活自立の基礎となる食の実力は、男女の別なく養っていきたいですね。

アンケートから

すべて背負わず

家事も主婦1人が背負ってすべてのことをするというのではなく、自覚をもって分担できるといいなあ（各々がやらされているという感覚でなく）。主婦も「社会に役立つ人間のひとり」としての時間をもつのが理想です。

奥野友子（北九州）

いつでも誰でも

私1人がするのでなく家族も加わることで、家事に対して私的でなく公的になっていくと感じた。いつでも誰でもが同じように関われるようにするとスッキリまわしていける。

中村京子（三重）

4

人にも地球にも心地よい洗濯は？

洗いすぎは、衣類にも環境にもあなたにも負担です。手と頭をつかって「ちょうどよい洗い方」を見つけてください。

●できることから〝エコ洗濯〟
●こんな工夫で気持ちよく

できることから〝エコ《環境に配慮した》洗濯〟

少しの工夫で水や電気を節約できます。

「きれいになるのが目に見えて心地よい」「干し終わったときの充実感！」…洗濯の楽しさはこの辺にあるようです。「洗濯は洗濯機まかせ」とはいえ、少し心をかければ、環境にも、衣服にもやさしい洗い方ができます。下記のSさんは、水の節約、石けんをつかうこと、洗濯や脱水の時間短縮など気をつけて、ふだんの洗濯をしています。また、洗う回数を減らす工夫も大切です。衣類はどうしても洗うほどいたみ、寿命が短くなっては資源のむだづかいになります。洗うものが減れば干す手間も節約に。

洗いすぎないために

●**汚さない**　家事をしていると、気づかないうちにいろいろな汚れが飛んでくるもの。エプロ

●Sさんの洗濯（40代・4人家族　7kg全自動洗濯機使用　夜に洗濯）

1　用意

洗濯機に水（あればお風呂の残り湯をポンプで）を入れる。その間に、部分洗いの必要なワイシャツ、靴下などを洗面所のシンクで洗う（下記参照）

部分洗いのナイロンネットはシンクに常駐。

2　スタート

洗濯機に液体石けんを溶かし、ネットに入れるもの（色の濃いTシャツ、ランジェリーなど）は入れて、洗濯ものを投入。部分洗いしたものも加えてスイッチオン（洗い6分、ためすすぎ2回、脱水4分の約40分コース）

残り湯の使用は1回目のすすぎまで。

ここで差がつく
洗う前の部分手洗い

洗濯機は全般的に、布をいためないようにと配慮されています。がんこな部分的な汚れは先に落として、全体の汚れの程度をそろえておくときれいに仕上がり、洗剤や洗濯時間の節約にもなります。

ンやスモックエプロンは、内側の衣服を汚れやしみから守ってくれます。

　皮膚から出る汗や汚れを直接吸収する下着は、上に着る衣服に汚れを移さないという役割もあります。

●ぬらさない　ぬれたタオルがあると、それを洗うついでに…と洗濯回数が増えることもあるようです。浴室の中でちゃんと体を拭いてから出ると、バスタオルやマットのぬれ方が全然ちがいます。「脱衣所のタオルかけに、各自のしめったバスタオルをハンガーにかけてつるし、朝になったら外に出して乾かします。洗うのは週に1〜2度」とAさん。

●休ませる　服を「脱いだら洗う」になっていませんか。子ども部屋に木製のタオルラックを設置したNさんは、「服の一時おき場、休ませ場をつくったことで、息子の洗濯ものが減りました。シンプルなメープル材のオイル仕上げ、洋室によく合います」とのこと。

3 干す（一部）

洗い終わったら全部かごにとり出し、洗濯機付近の壁にとりつけたポールに小もの干しをセットして干していく。ワイシャツ類は、ふりさばいてからハンガーにかける。しわ伸ばしをするものも（下記参照）。

しわ伸ばしは、全部はできなくても、Tシャツは効果がきわだつので実行。洗濯機のふたの上に背部分をおいて左右に伸ばし、袖、裾を折り上げる。スペースがちょうどよい。

4 ベランダに移動

洗濯もののかかった小もの干しとハンガーを外に出す。

夜中に雨がふきこみそうだったらそのまま室内干し。集合住宅で湿気が気になるので除湿機をかける。

5 残りを干す

寝る前に、たたんでおいたTシャツを干す。

忘れて翌朝になっても、時間に助けられてかえってしわが伸びているくらい。

ここで差がつく干す前のしわ伸ばし

脱水が終わったら、すぐにとり出してしわをとりましょう。おすすめは、平らなところに洗濯ものをたたんで重ねておく方法。驚くほどしわが伸びてちがいが歴然。ハンカチはアイロンがいらないくらいです。

バスタオルは四つ折り、シャツ類は二つ折りくらいの大きさにたたんで、重ねていきます。

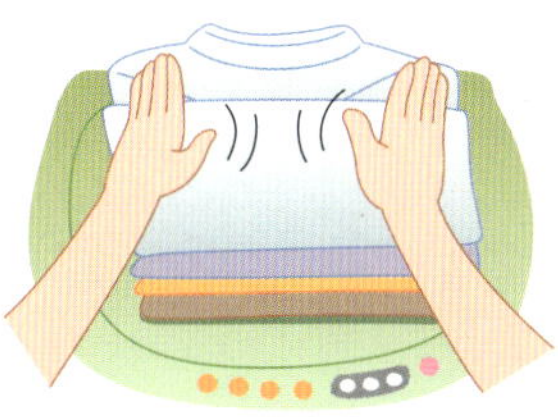

重ねるたびに、手のひらで内側から外側に向けて、しわを伸ばします。しばらくおいておくと効果的。

こんな工夫で気持ちよく

「全自動干したたみ機」はまだ発明されていません。わが家流洗濯スタイルを楽しんで…

「曜日ごとの洗濯表」で洗い忘れなし

関矢清子（東京）

家族が着替えて洗濯場に持ってきたものは、忘れずに洗いますが、寝具やマット類はつい機をのがしがち。ちょうどよい頻度で洗うために、ふだんの洗濯に加えるものを左のような表に書きこんで、洗濯機のそばに貼っています。

1カ所にまとめて機能的

前田久美子（高松）

2階の納戸を衣類整理部屋に。整理だんす、アイロン、アイロン台、衣類をかけるポール、みだれかごなどをセット。たんすの中にはブラシや簡易クリーニングの道具も入っています。衣類の整理と手入れが一度にできて、快適です。（写真下）

曜日ごとの洗濯予定表

月曜は大ものの洗濯。毎週1人分ずつシーツとカバーを洗い、5週目のある月（年3回）にレースのカーテンを洗います。火・金にパジャマと枕カバー、水曜に台所マット、木曜はふつうの洗濯のみ。トイレマットは来客のときだけつかうので、その翌日に洗います。

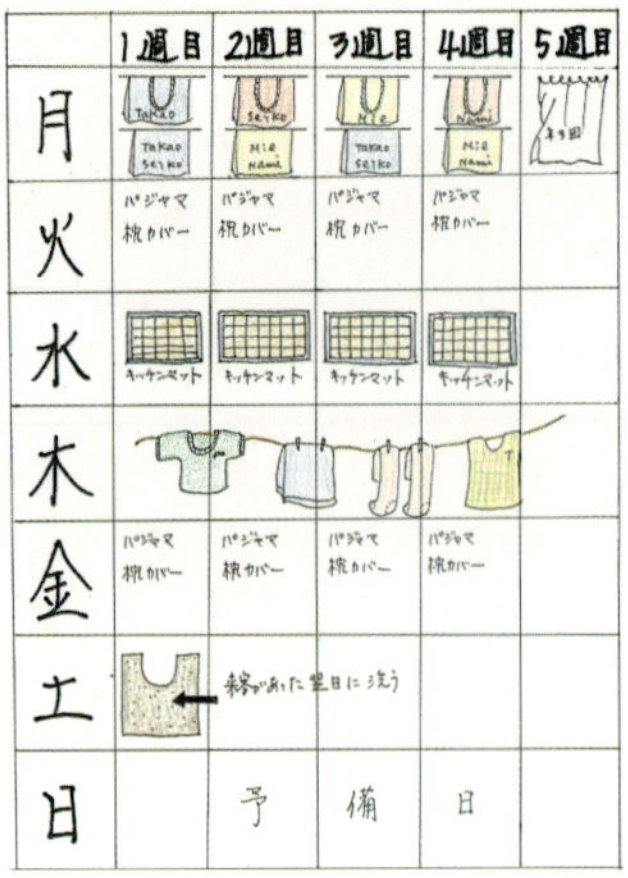

集合住宅の2階のベランダ干し器はステンレス製。

洗面台のシンクにテープを貼って5、10、15リットルの目盛りをつけ、必要な水量がわかるようにしています。

揃えておきたい洗濯道具

たらい（内径40cm前後）

・洗面台のシンクや洗濯専用槽でもよい

ナイロンネット

・部分洗いに便利（そうじ用と同じものp.126参照）

洗濯ネット

・大きさ、形など用途に合わせて2〜3種類（濃い色ものは目の細かいネットに、ほかは目の粗い方が汚れが落ちやすい）

その他、歯ブラシ（部分洗いやしみぬきに）、洗濯板など

洗濯用剤　石けん、合成洗剤、ウール用中性洗剤、漂白剤、糊など

＊詳しくは『洗濯上手こつのコツ』（小社刊）をご覧ください

「人ごと分類法」で、洗うからしまうまで整然と

麻生ひろ（所沢）

子ども2人が保育園通いのため、わが家の洗濯ものは大量。小さなTシャツやパンツ、ミニタオル、ハンドタオルなどアイテム数も多い上、一つ一つが5枚、10枚とあったりする。

こんな365日休みなしの洗濯を少しでも快適にと考えたのが、しまうときのことを想定した洗い方だ。家族4人分をそれぞれ洗濯ネットに入れる（汚れ具合と量に合わせて、1人分を2〜3袋に分けることも）、題して「人ごと分類法」。

洗い上がったら洗濯ネットをつかんで出すだけなので、引き上げる動作も数回ですむ。

干すときは洗濯ネットを開けておよそ人ごとにピンチやハンガーにつるす。しぜんと定位置ができるため、迷わず干していかれる。

とりこんではずすときも、人ごとに山をつくっていく。たためばそのまま重ねていかれるので、たんすにしまうのも、いたってスムーズだ。

なにも考えずに〝スイッチポン〟で洗濯をスタートさせるのは一見かんたんだが、からまり合った洗濯ものが象徴するように、その後の作業は整然と進んでいかない。手にふれた順にたたんでテーブルいっぱいに小山をつくり上げ、疲れはてていたことを思うと、今は「時間は短縮、アタマはすっきり」だ。

■洗濯ものを室内に干すときは…

雨降りに限らず、花粉や大気の汚れ、景観などの理由から、外に干せない場合もあります。乾くまでに時間がかかると、菌が繁殖してにおいのもとになりますし、住居の湿気対策のためにもなるべく早く乾くように工夫しましょう。

干し方　衣類の間隔をあけて、通気よく。大ものもなるべく重ねず、角型ハンガーを利用して風が通りやすいように止めましょう。ジーパンやスカートは裏返して筒状に干します。

場所　1階より2階、床より天井に近く、とにかく上の方が乾きやすい。室内では主に、風によって洗濯ものから水分をとるので、入口と出口を開けて風を通します。浴室で換気扇をまわすときは給（吸）気口を確保して、空気の流れをつくります。

除湿機は逆に部屋を閉めきって使用。スペースの限られた浴室利用など効果的です。機械の熱で室温は少し上がります。

衣類乾燥機をつかう場合は、8割程度乾いたところでとり出して干し直すと、殺菌効果は得られてしわにもなりにくく、経済的でもあります。

換気　洗濯ものの水分が蒸発すれば室内の湿度が上がります。結露やカビを防ぐために、まずはこまめに窓を開けて、空気を入れ替えましょう。雨の日は窓を開けずに、エアコンのドライ機能か除湿機をつかいます。

こんなときどうする？ 衣類のSOS

うっかりひっかけてお気に入りのセーターに穴が…大丈夫、きれいに直せます。
中高生の制服など、サイズを直して卒業まで着たい場合も、ぜひ参考にしてください。

指導・田村篤子

Clothes

■トレーナーをひっかけた！

メリヤス地の縦目に沿って縫うのがポイントです。
Tシャツ、カットソーも同様に。

❶ 裏側にバイヤスに切った接着芯（または伸縮性のある接着芯）をはる。
穴の周辺のほどけた糸も平らになじませるように接着すると穴がうまる。

❷ 生地の縦の目に沿って表からミシンをかける（横はかけない方が目立たない）。
穴の0.5〜1cm外側まで縫いつぶし、余分な接着芯は切り落とす。

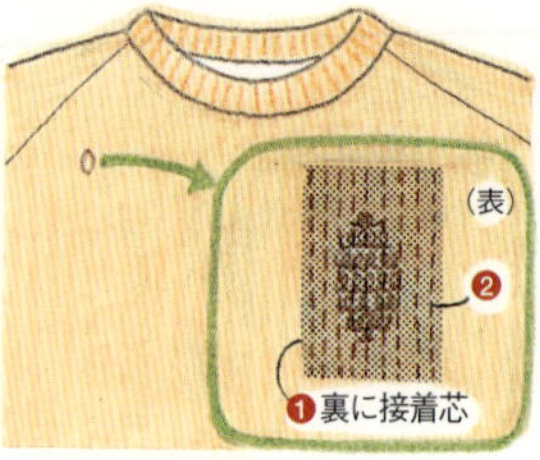

■ボタンのつけ根にかぎざきが！

スモックエプロンや前あきスカートなど、力のかかるボタンのつけ根が裂けることがあります。これもミシンで直せます。

❶ 見返しがステッチでとめてある場合は、あて布（共布または接着芯）を見返しの上からあてる。
＊見返しの間にはさめればなおよい。

❷ かぎざきをかこむように0.5〜0.7cm外側にミシンをかけ、平行にミシンがけしてから、横切ってジグザグに縫う。
＊布が横や縦に切れた場合も縫い方は同じ。綿地のあて布は裁ち切りでも、ミシン目のきわを切ればほつれない。

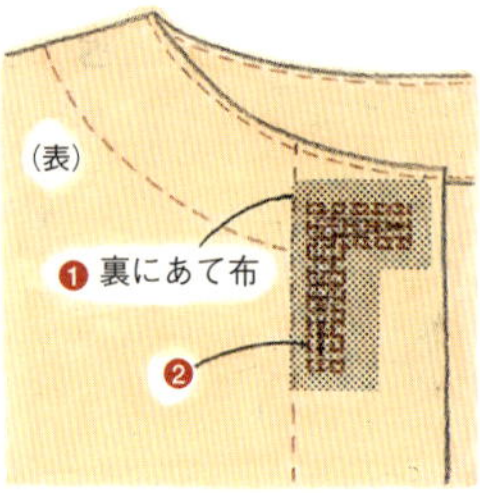

＊修繕の糸は同色かやや濃いめ、生地によくなじむ色をつかいます。
ミシン目は細かく、目盛り１を目安に。

衣類の救急7点セット

洋裁はしないという人でも、ボタンをつけたり、ゴムをとりかえたり、家の中には針仕事があるものです。この7点は最低限必要なもの。ふたつきの箱、缶などに入れると、ふたも糸くず入れなどにつかえて便利です。

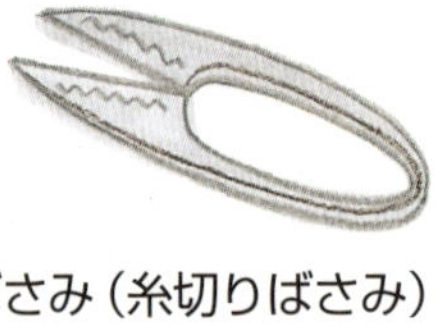

1 小ばさみ（糸切りばさみ）
刃の合わせがぴったりして、先までよく切れるものを。

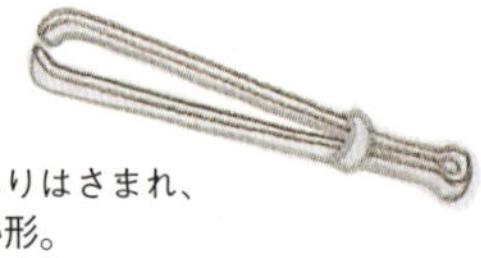

2 ゴム通し
ゴムがきっちりはさまれ、はずれにくい形。

3 目打ち
縫い目をほどいたり、細かい部分を押さえたり。

4 指ぬき
私は金属製のリング型を愛用しています。

Knitting

■手編みのセーターをひっかけた！

共糸があれば充分直せます。なければ色や太さの近い毛糸、または同色の刺しゅう糸をより合わせてつかいます。

❶ 共糸の針を、裏側の編み目の間を通して表に出し、上下の目をメリヤスはぎの要領でつなぐのをくり返し、穴をふさぐ（右図）。
❷ 裏側にもどし、糸端を始末する。

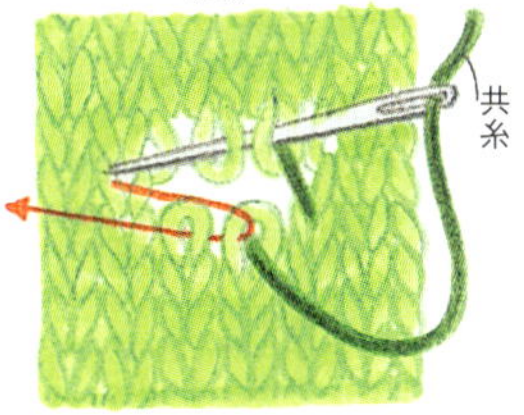

＊共糸は裏側の編み目にからめてひと結びしてから表に出し、最後も同様にからめて始末。編み地の切れた糸端もいっしょに編み目にからめて糸をわたす。

＊ていねいにするなら、❶の前に、共糸をさいた細い毛糸（または同色の刺しゅう糸1本どり）をつかって、裏側で穴のまわりの糸を表に出ないように輪状にすくっておき（右図）、❷のあと、細糸の端を2本合わせ、穴の部分にわたして補強する。

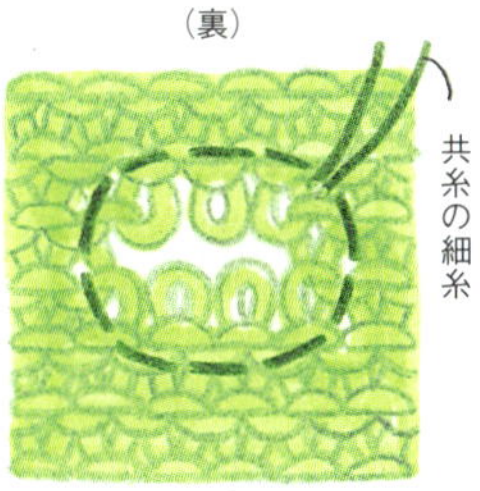

Uniforms & Suits

■ウエストがきつくなった！

ズボンは後中心で幅出しができるように、ゆとりがついています。

❶ 後中心裏側の折り返し部分、ベルト通しなどをほどいてのばし、広げたい部分をミシンで2度、同じところを縫う。
❷ もとのミシン目を裏側から目打ちでほどく。（表からすると布地をいためることがある）
❸ 縫い代をアイロンで割り、ベルトの部分をととのえる。

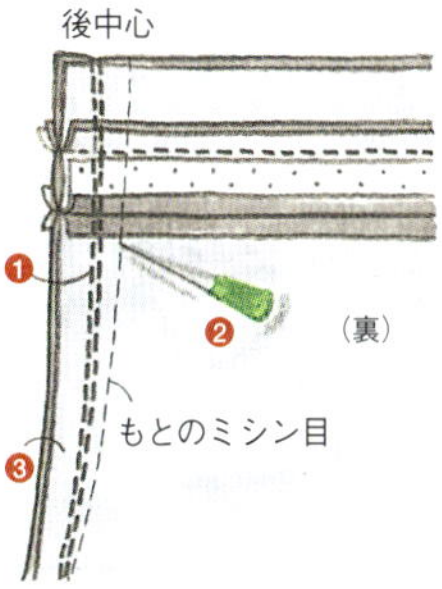

■丈を出したら裾線が目立つ！

ズボンの丈を出すと、裾の折山だった部分のいたみが目立ちます。手縫いでかんたんに補修できます。

❶ 裏側に共布、または目立たない色の布をあてる（接着テープでもよい）。
❷ あて布といっしょにすり切れているところを、地の目に沿って糸を足すように、たてよこ細かくぐし縫いをする。

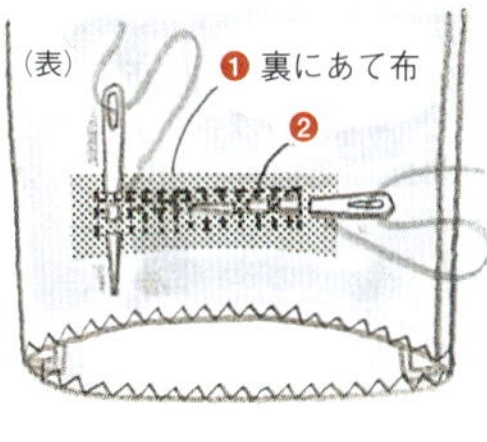

＊あて布の裁ち目が気になる場合は、つける前に捨てミシンかかがり縫いで始末。
＊裾線の跡を消すには、裏側に袖まんじゅうなどかたいものをあて、表から折山線に指で水をつけ、木綿布の上から高温で、カラッと水気がなくなるまでアイロンをかける。

5 針さし

つくるなら、表面を薄手平織り木綿にすると太めの針も通りやすい。中には毛糸やウールの布を細かく切って入れると、針のさびを防ぎ、すべりがよくなる。

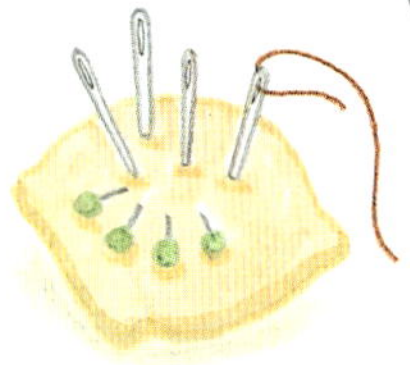

6 針（縫い針、ピン）

・縫い針は、メリケン針の長針（6～9番）。厚手の生地には6、7番、薄手の生地には8、9番をつかう。（番号が大きいほど細くなる）
・ピン（まち針）は玉ピンを10～15本。
＊針の数は覚えておくこと

7 縫い糸

ポリエステル糸（シャッペスパンなど）は切れにくくて目立たず、ほとんどの布地につかえる。
・50番、60番…ミシン糸としてあるが、裾、袖口などのまつり糸としてつかえる。
・30番、20番…ボタンつけに。
色は白、黒、茶、ベージュ、グレーを揃えておくと、たいがいの衣服に対応できます。

材料としては、ボタン、ゴムひも（0.7～0.8㎝幅）、かぎホック、スナップなど常備しておくとよいでしょう。ワイシャツ用のボタンは、古いものを処分するときにはずしてとっておくと役に立ちます。

5 暮らしがすっきりまわる時間術

「時間のつかい方は命のつかい方」。予定生活がゆとりを生み出します。

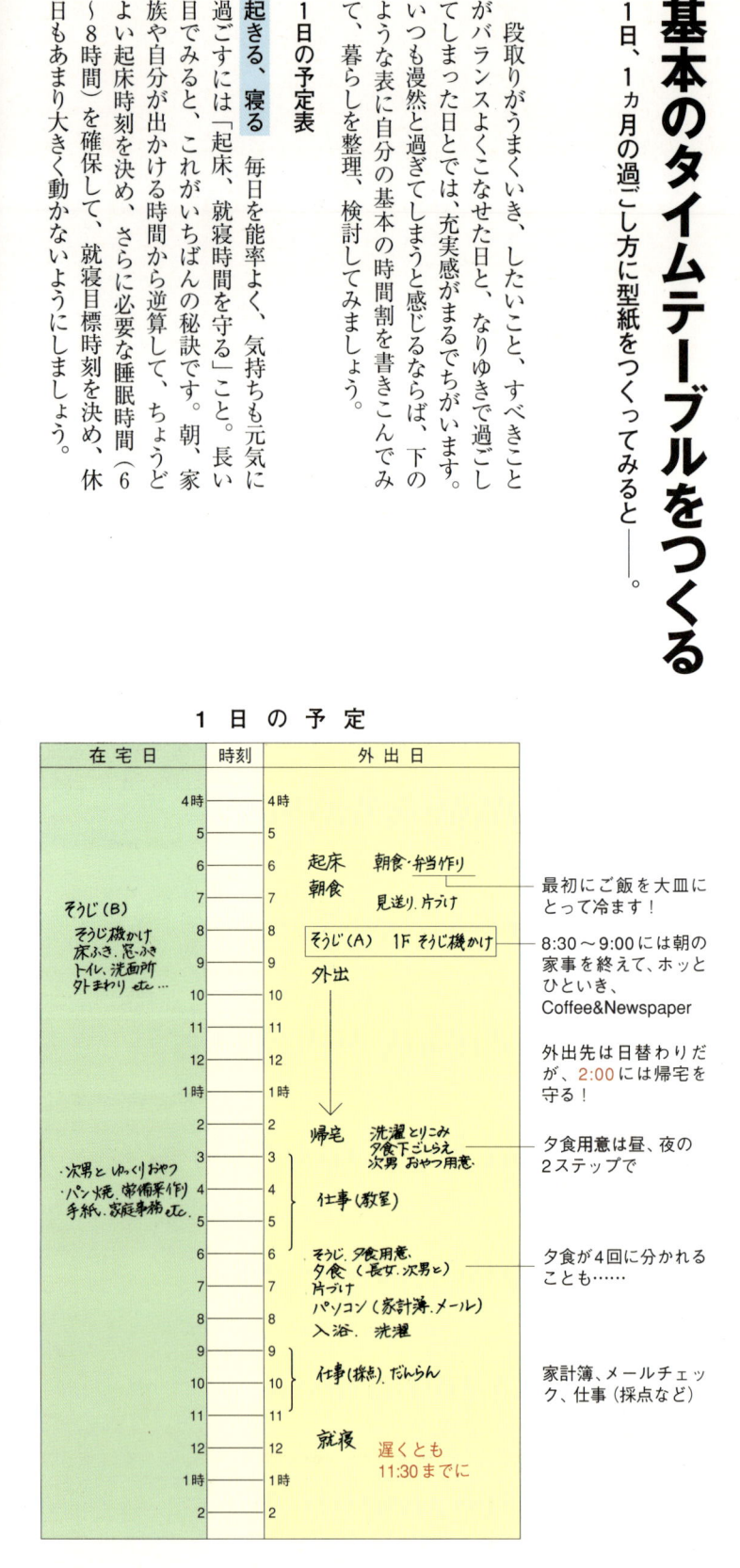

基本のタイムテーブルをつくる
- 「朝仕事」と「寝る前の家」
- 家族をつなぐスケジュール管理
- 家事ごよみで季節とともに
- 時間を生かす5つのキーワード
- 家事時間を短縮したいとき

1日、1ヵ月の過ごし方に型紙をつくってみると――。

段取りがうまくいき、したいこと、すべきことがバランスよくこなせた日と、なりゆきで過ごしてしまった日とでは、充実感がまるでちがいます。いつも漫然と過ぎてしまうと感じるならば、下のような表に自分の基本の時間割を書きこんでみて、暮らしを整理、検討してみましょう。

1日の予定表

起きる、寝る　毎日を能率よく、気持ちも元気に過ごすには「起床、就寝時間を守る」こと。長い目でみると、これがいちばんの秘訣です。朝、家族や自分が出かける時間から逆算して、ちょうどよい起床時刻を決め、さらに必要な睡眠時間（6～8時間）を確保して、就寝目標時刻を決め、休日もあまり大きく動かないようにしましょう。

1日の予定

在宅日	時刻	外出日	
	4時		
	5		
	6	起床　朝食・弁当作り	最初にご飯を大皿にとって冷ます！
そうじ（B）	7	朝食　見送り. 片づけ	
そうじ機かけ 床ふき. 窓ふき	8	そうじ（A）　1F そうじ機かけ	8:30～9:00には朝の家事を終えて、ホッとひといき、Coffee&Newspaper
トイレ、洗面所 外まわり etc…	9	外出	
	10	↓	
	11		
	12		外出先は日替わりだが、2:00には帰宅を守る！
	1時		
	2	帰宅　洗濯とりこみ 夕食下ごしらえ 次男 おやつ用意.	夕食用意は昼、夜の2ステップで
・次男と ゆっくりおやつ	3	仕事（教室）	
・パン焼. 常備菜作り 手紙. 家庭事務 etc.	4		
	5		
	6	そうじ. 夕食用意. 夕食（長女. 次男と）	夕食が4回に分かれることも……
	7	片づけ パソコン（家計簿. メール）	
	8	入浴.　洗濯	
	9	仕事（採点）. だんらん	家計簿、メールチェック、仕事（採点など）
	10		
	11	就寝	
	12	遅くとも11:30までに	
	1時		
	2		

食事　幼児のいる家庭ではとくに、夕食6時～6時半くらいを目標にすると、しぜんに早寝早起きができ、1日機嫌よく過ごすリズムができやすくなります（詳しくは小社刊『はやねはやおき四回食』参照）。

中学生～社会人のいる家庭ではばらばらになりがちですが、基本の時間は決めておきます。目標時間がはずみになって、段取りもでき、てきぱきと台所に立つことができます。

定期的なスケジュール　仕事や地域その他のさまざまな活動の日、子どもの送り迎えなど、決まっているスケジュールの時間をとります。

選択可能な時間　自由設計できる時間のつかい方によって、人生の時間の流れは大きく変わってきます。1日のうちでは体がよく動く時間に内外の掃除をてきぱきと、寝る前に必ず家計簿をつけ、明日の予定や献立の心づもり……など、ちょっとした時間の有効利用を積み重ねて。

1カ月の予定表

週間の予定表を便利につかっている人も多いのですが（p.19）、2週に1度、月に1度、といった周期で定期的な予定がある人は、月間の予定表をつくってみましょう。

外出の予定、仕事の予定、子どもたちの予定など書きこむと頭が整理されて、同じ曜日でも何週目かにはいつも在宅日がある、とか、1カ月の中で自分のフリーの日がいつか、一目で見えてきます。ていねいそうじ、季節の家事などに当てるのもよいですが、思い切ってリフレッシュや自分磨きのための時間も組みこんでいきましょう。

1カ月の予定

	月	火	水	木	金	土	日
第1週	共同研究（目白）	友の会	集中家事の日 ・冷蔵庫一掃 ・ていねいそうじ ・常備菜.パン ・交際 ・事務etc.	友の会（係会）			
	自宅教室	才2教室		自宅教室	才2教室	バレーボール	
第2週		友の会					
	自宅教室	才2教室	ヨガ	自宅教室	才2教室	バレーボール	
第3週	共同研究（目白）	友の会		友の会（方面委員会）	友の会（乳幼児G）		
	自宅教室	才2教室		自宅教室	才2教室	バレーボール	
第4週		友の会					
	自宅教室	才2教室		自宅教室	才2教室	バレーボール	
				CO-OP配達		リフレッシュの日（ガーデニング エクササイズ） パパランチ	家族の日（アウトドア）

この他　月2回（午前）研修会に参加.

買いものには行かないと決めてサバイバル料理。冷凍庫も底が見えている状態

音楽をききながら楽しく。

チャーハン、ラーメン、スパゲティ。最近は本格そば打ちも

●**基本のタイムテーブル**

井田典子さん（p.12）の1日の基本時間と1カ月の過ごし方の表です。

1日の中では主になる家事を朝に集中して済ませ、夕食づくりは昼と夜の2ステップで仕上げ、午後の仕事の時間を生み出しています。

1カ月のうちでは家のことと仕事、自分自身の活動やリフレッシュの時間がバランスよく割りふられています。

「朝仕事」と「寝る前の家」

家事上手の人が身につけている2つの習慣

■朝仕事と、朝仕事の幕引き

朝は、人間にとって活力のあふれている貴重な時間。起きてから身支度、朝食をふくむ2～3時間のうちに、その家のポイントとなる家事を集中してすませておくことは、1日を有効につかう第一歩です。

朝仕事として何をしているか、家事上手125人のアンケート回答は下記のとおり。洗濯は毎日でなく日を決めて、またはそうじと交互にする人も多いようです。毎日出かける人でも、「台所片づけとトイレさっとそうじ」など、いくつか決めてしておくと、夜や週末の家事がらくになるでしょう。

特に予定がないと、家事の合間に新聞を読みはじめて気づいたらお昼近く、あわてて洗濯ものを干す……といったことになりがちです。朝仕事終了――「朝仕事の幕引き」――の時間を決めると、集中して働けるので、終わった後の爽快感もひとしおです。終了時間が遅くなりがちな人は、起床時刻や作業の動線は適当か、室内が整理不足ではないか、ものの数が多すぎないか、検討してみましょう。

家事上手125人の「朝仕事」

洗濯・洗濯もの干し

弁当づくり

昼、夕食下準備

朝食用意・片づけ

庭の手入れ

外まわりのそうじ

そうじ
(居間、トイレ、玄関、浴室、洗面所など)

寝具の片づけ

ごみ出し

朝仕事終了時刻

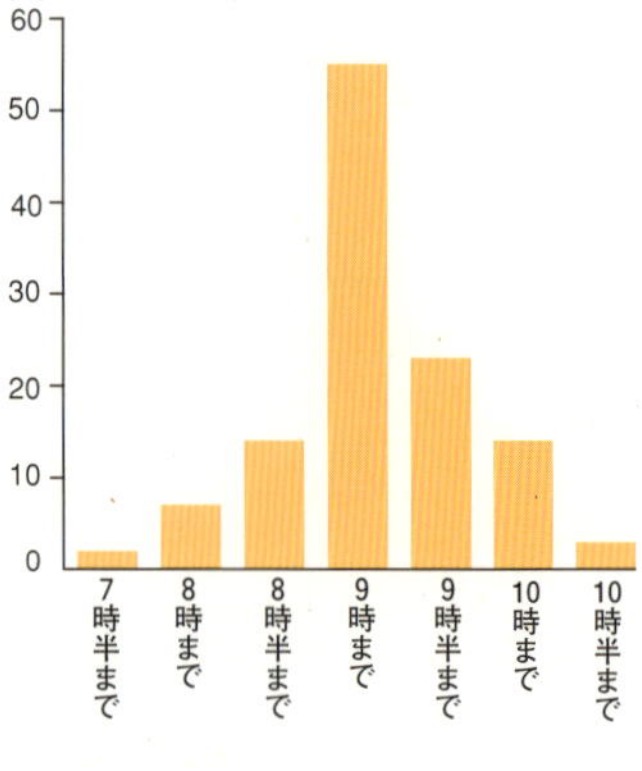

「朝仕事」としてしていることは?(自由回答)

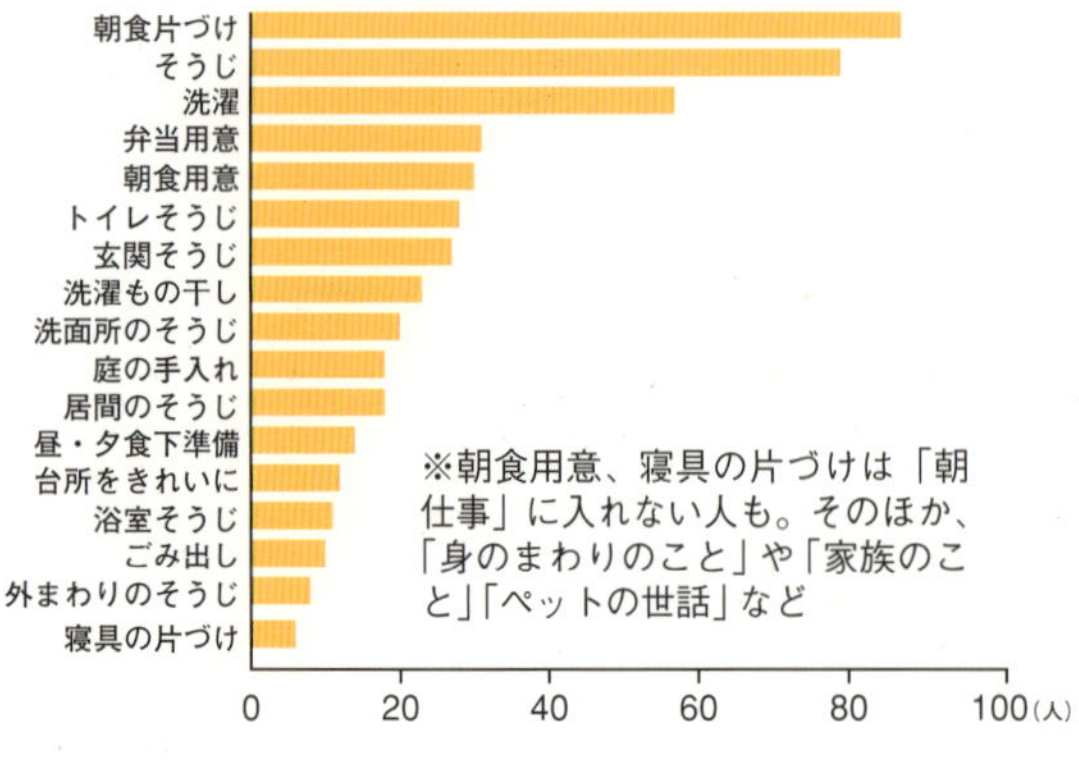

※朝食用意、寝具の片づけは「朝仕事」に入れない人も。そのほか、「身のまわりのこと」や「家族のこと」「ペットの世話」など

寝る前の家

手早く仕事にかかろうとすれば、またいつでも後始末をよくしておかなくてはなりません。私はこの意味で、早くから『寝る前の家』ということを考えています。一日の生活が終わった時に家中のあとの始末をよくしておけば、朝はほんとうに気持のよいものです。

著作集「家事家計篇」第五章〝家事整理と時間〟より

家事整理のしめくくりの言葉として、これほど適切なものはないでしょう。戸じまり、火の用心はもちろん、台所はすっかり片づき、玄関には脱ぎっぱなしの靴もなく、夕刊をはじめ、はさみ、鉛筆など、その日つかった道具が小さなものまで決まった場所におさまっている…寝る前にこれができていたら、朝の仕事はどんなに手順よく気持ちよく運ぶことでしょう。また夜中に地震、近所の火事、病人などという突発事故が起こった場合にも、あわてず対処することができます。

そのほかアンケートでは寝る前にすることとして、家計簿の記帳、やかんに水をくむことなどが加わっています。就寝時刻は11時を目標にしている人が多いようです。体調をととのえ、新しい日におだやかな心持ちでのぞむためにも、睡眠、休息をしっかりとるようにしたいものです。

家事上手125人の「寝る前の家」

台所の片づけ

食卓に何もなく

戸じまり

居間の片づけ

玄関をととのえる

朝食下準備

やかんに水を１杯

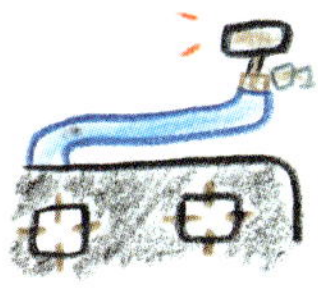
火の元の確認

新聞雑誌片づけ

家計簿記帳

「寝る前の家」としてしていることは？（自由回答）

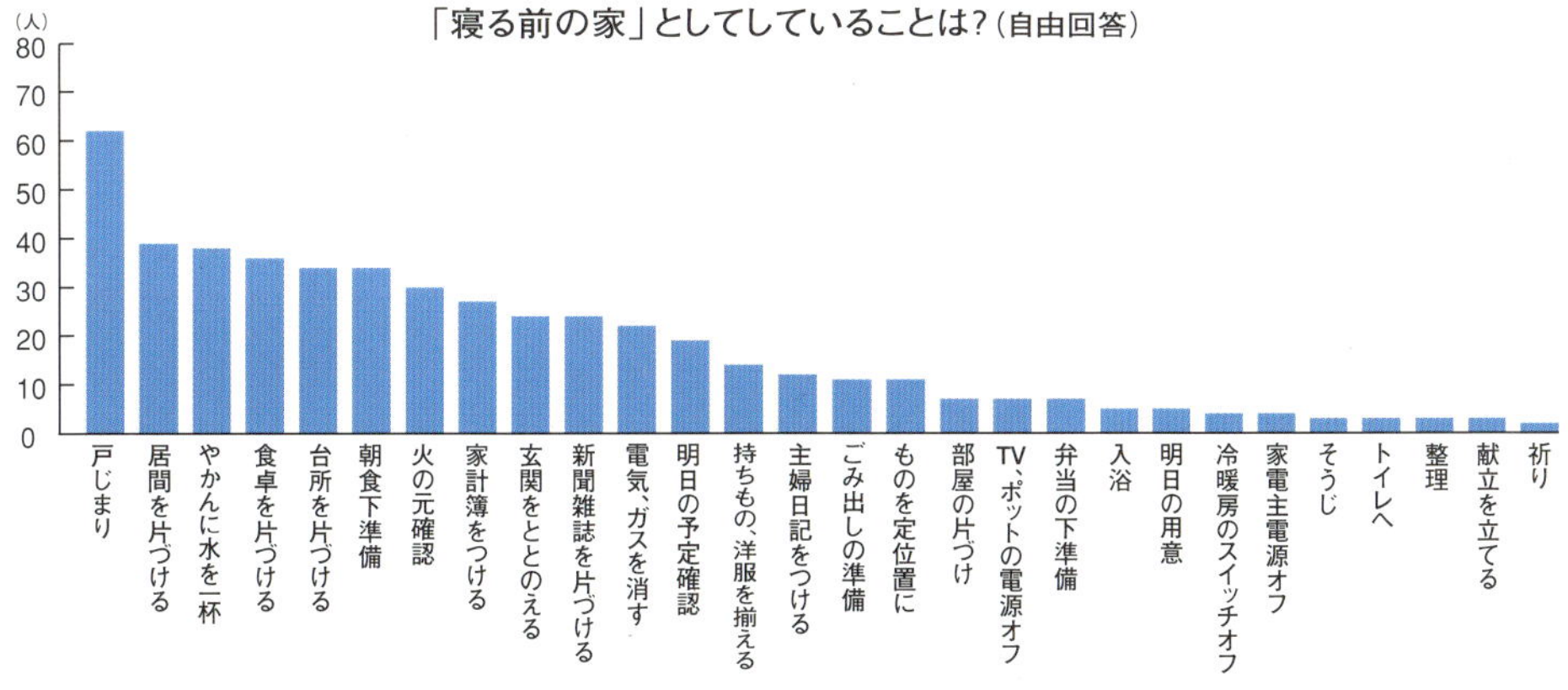

家族をつなぐスケジュール管理

時々刻々と入ってくる予定を、家族の動きも含めて把握するには？

前のページでは、ベースとなる時間のつかい方を考えてみましたが、実際の生活はもっと複雑ですし、刻々と変わってゆきます。入ってくる予定をきちんと管理し、先手先手に心づもりができるように、カレンダーや手帳の工夫からはじめてみましょう。

カレンダーを見やすく

子どもが小さいうちはさほどでないのですが、親子とも活動範囲が広がってくると外出予定や帰宅時間、夕食の要不要などを把握することも家事の重要なポイントになってきます。家族の集まる場所か必ず通る場所に、数字が見やすく、書きこみ欄が大きめのスケジュールカレンダーと筆記具を揃えておくと便利です。各自のテーマカラーを決めて色分けしたり、定期的な事柄にシールを貼ると見た目も楽しげ。退職後、夫、妻それぞれのスケジュールボード（ホワイトボード）を壁にかけ、大きな字で見やすく書きこんでいる方もあります。わが家に合った方法をみつけましょう。

自分と家族の予定を持ち運ぶ

カレンダーに書いただけでは外出時のスケジュール確認ができません。バッグに入れて持ち歩ける手帳が必要でしょう。外出先で入った予定をカレンダーへ、カレンダーに書きこんだ予定を手帳へ、面倒でもこまめに書き写しておくと、思わぬダブルブッキングが防げます。この際、月間、週間、両方に予定を書きこむ手帳は手間が増えるうえトラブルが起きやすいので、1カ所だけに書きこむ形式のものがよいでしょう。

よい予定のために、よい記録を

カレンダーやスケジュール帳は予定を管理することは得意ですが、記録の蓄積には不向きです。日記帳やパソコンに、起床就寝時間や毎日実際に食べたもの、家族の健康や成長についてなど、記録しておくと、後々の予定を立てるために参考になる事柄がたくさんあります。

また、もっと長いスパンで時間を見渡すためにはテーマ別のノートがよく、1ページを12カ月分に割って家族の年齢やできごとを書いた「家族の歴史ノート」、親族友人との交流、プレゼントなどを記録する「交際ノート」そのほか「家財ノート」「住まいのノート」「健康ノート」をつけている人もいます。生活を客観的に振り返るきっかけにもなります。

家族の予定は
カレンダーやボードで

家族の集まる場所、
通り道などに。

持ち歩くための
スケジュール帳

外出時のスケジュール確認に。家のカレンダーとこまめに連動させて。

スケジュール管理
3つのサポーター

テーマを持って
記録ノート

献立や季節の家事などの記録をつけておくと、家事予定が立てやすい。

「3年連用花日記」を日記がわりに。
（笠羽巳年子さん）

いつの間にか家事にリズムができる「主婦日記」

「主婦日記」(小社刊)は、「予定」と「記録」が同時に管理できるハンディなノートです。自分なりの工夫を重ねながら、何年、何10年とつけ続けている方が多いので、例にとって予定生活の実際を説明しましょう。

伊藤恵美子さんは、主婦日記の毎日の記帳欄を外出などの予定、読書、重点そうじ、献立、の4つに区切ってつかっています。毎日の献立を落ちなく1週間立てるのはたいへんですが、伊藤さんは長年の経験から、3日分くらい先の心づもりとして主菜だけを書いておき、夕食後に副菜などを書き加え、実際に食べたものの記録ができるようにしています。1年の記録が残ると、献立アイディアノートとしてもまた来年役に立ちます。

そうじの欄も予定を書きこみ、できたら印をつけることで、予定と記録の両方が確認できます。ノートに記録が積み重なっていくと、食材のくりまわしが上手になったり、いつもすっきりと居心地よく暮らせる掃除ごよみができていったりします。

献立専用の小さなノートをつくったり、ふだん持ち歩く手帳にそうじチェック表を組み入れるなど、続けやすい方法があればそれでかまいません。予定と記録の積み重ねが、いつの間にかあなたを家事上手にしていくことを覚えておきましょう。

主菜を決めるだけで、心にゆとりが

夜に冷蔵庫をチェックしながら、次の3日間の夕飯の主菜を心づもり。いつも持ち歩いているので、思いついたときに副菜や朝ご飯、昼食のことも書いておいたりします。1日のおわりに、実際に食べたものを書き込んで記録に。

伊藤さんの主婦日記

家事ごよみで季節とともに

恒例行事や旅行、仕事の繁忙期なども見越して、大きな予定を割り振って――

家事予定は厳選して

　家事には、衣替えや冷暖房器具の手入れなど、季節を逃さずしておくとよいことがたくさんあります。そのために役立つのが、ここに紹介する家事ごよみです。

　家事ごよみにはいろいろな形がありますが、下のように、1年を12カ月に分けて、四季の行事や家族の記念日と、家事の予定を書きこむ、というのが基本です。

　家事予定はこの表や、103ページからの「12カ月の家事ごよみ」から、必要なものをぬき出してみてもよいでしょう。

「3月末にスキー用品の片づけ」「5月の連休までにガラクタ整理をしてフリーマーケットを」など、わが家なりの予定を加えていくと、つかいやすいものができていきます。欲張りすぎると続かないので、「これさえしておけば」ということを厳選していくのがコツ。

　何年かたって、その時季になるとしぜんに身体が動くくらいになれば、あなたも家事の達人です。

今月の予定が一目でわかる円形家事ごよみ
（飯田友の会案　実例は牧野恵美子さん）

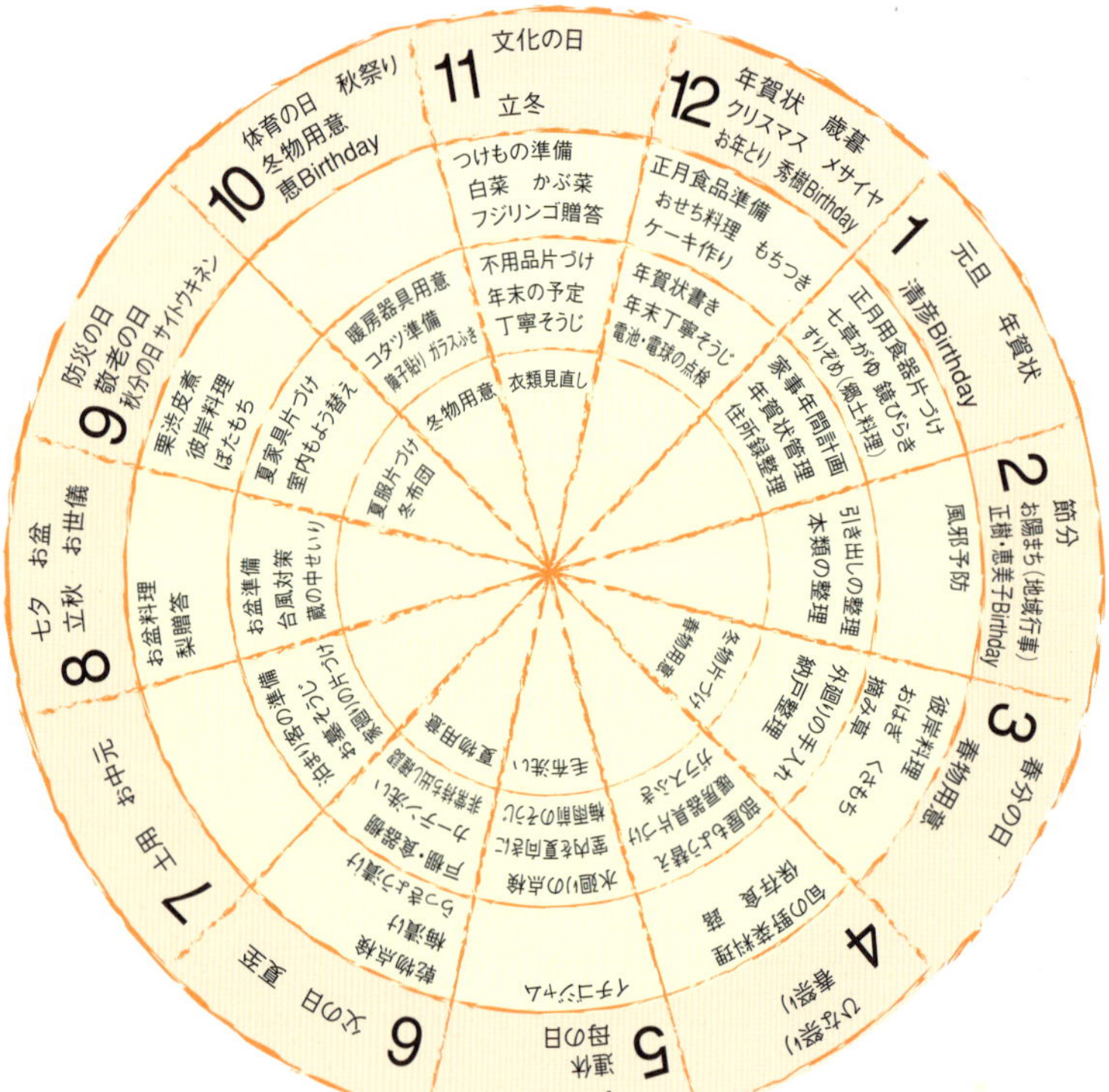

予定を書き込んだ厚紙よりひとまわり小さい円をつくり、ひと月分だけ見えるように切り込みを入れます。重ねて中央を割りピンでとめ、回してつかいます。

直径20cmほどの円を12カ月に分けて、行事、衣、住、食の4項目に分け、事柄を書き込みます。今月することだけがパッと目に入り、やる気が出ます。

こう決めています わが家の家事予定

衣替えは5月5日と10月10日を大きな転換に（九州は夏が長い）。その日までに少しずつ手入れをして収納。

永野美恵子（大分）

障子貼りは夏にする方が楽。

新井良子（大和）
田中静子（東久留米）

夏は旅行にいかず（シーズンオフに行く）、集中して縫い物をする。秋にセールがあるし、贈答にも使えるので。

伊藤洋子（多摩）

9月は「一日一引き出し」を目安に家中を整理。

北野美津子（帯広）

沈丁花が咲いたらじゃが芋の植え付け、萩の季節は青菜の種まきなど、「無農薬でつくるおいしい野菜」の花ごよみを参考にしています。

工藤咲子（横浜）

10月22日を目標にチューリップを植える。夫の誕生日なので覚えやすい。

岡部聰子（東京）

「雪がとけたら庭の手入れ、4月に入ったら火鉢をしまう。11月には雪囲い」。雪国ならではの予定です。

小野美紀子（札幌）

2003年 四季の家庭行事と家事ごよみ（東京第三友の会案）

	家庭行事	家事ごよみ
1月	お正月（おせち料理） 7日　七草がゆ、松飾りをとる 11日　鏡開き（おしるこ） 13日　成人の日	●前年の家計12カ月決算をもとに今年の予定・予算を立てる ●正月用品片づけ ●年賀状整理・住所録訂正
2月	3日　節分（豆まき）	●簡易クリーニング（コート・背広など） ●みそづくり　●結露をまめに拭いてかび対策 ●ゴキブリ対策
3月	3日　ひなまつり（桜もち） 21日　お彼岸（ぼたもち）	●冬服片づけはじめ、合着を出す ●進学・進級準備
4月	新学期・新年度を迎える	●暖房器具片づけ　●庭仕事
5月	5日　こどもの日（柏もち・菖蒲湯） 11日　母の日	●梅雨に備えて雨具や雨どいの点検 ●押入整理・風通しの工夫　●ジャムづくり
6月	15日　父の日	●衣替え ●夏に模様替え、スリッパも夏用に　下駄箱かび対策 ●梅酒・梅干し・らっきょう漬け
7月	7日　七夕	●家計6カ月平均 ●夏休みスケジュール表をつくる ●暑中見舞い・お中元
8月	お盆　帰省	●台風に備え家の内外点検
9月	11日　十五夜（月見だんご） 15日　敬老の日 23日　お彼岸（おはぎ）	●防災用品の点検、避難場所の確認 ●夏服片づけはじめ、合着を出す ●夏用器具片づけ
10月	13日　体育の日	●衣替え　●球根植え ●冬用寝具準備、スリッパも冬用に ●暖房器具点検
11月	3日　文化の日 15日　七・五・三 23日　勤労感謝の日	●年賀はがき・クリスマスカードの準備 ●家計10カ月平均 ●12月の家事予定を立てる
12月	22日　冬至（ゆず湯・かぼちゃ） 25日　クリスマス	●お歳暮　●年賀状　●一年の締めくくり 大そうじ ●新年を迎える準備 ●来年の家計予算の心づもり

時間を生かす5つのキーワード

ポイントおさえてリズムよく！

1 一《ひと》仕事一《ひと》片づけ

読んで字のとおり、一つの仕事を終えたら、すぐその後片づけまですることです。料理中、鍋でもざるでもつかい終わったらその手で洗っておくと、料理ができたときには流しはすっきり。郵便物の開封整理、レシートの記帳なども、その日のうちに処理しておけば少しの時間ですむのに、ためてしまうとあとで大仕事になります。

家全体も、やりかけのものがあちこちにあると、いつもごたごたして能率がわるいもの。仕事の大小にかかわらず一つずつ片づけていれば、仕事もたまらず、整然とした生活になるでしょう。

●調理の先手しごと

野菜をゆでておく
魚にうすく塩をしておく
乾物をもどす
みそ汁の煮干しを水につけておく
つかう冷凍品を冷蔵庫に移しておく
ケーキ材料のバター、卵を室温に出しておく

2 先手しごと

アイロンの霧吹きは数時間前にすませ、ポリ袋に入れておけばしわがピンとのびますが、寸前に吹いたのでは同じ時間をつかっても美しく仕上がりません。カーテンを洗う前に窓のガラス拭きをしておくなど、前もって準備しておくことで能率よくできる家事はたくさんあります。

秋口、急に冷えこんでセーターをとり出すときも、季節の変わり目に整理がきちんとできていれば、あわてることはないでしょう。よい後始末は大きな先手仕事でもあります。

3 重ねしごと

2つの仕事を同時に進行させます。洗濯機をまわしている時間にそうじをするのは、多くの家庭でみられる光景でしょう。そのほか、煮ものをしながら台所の壁拭きや鍋みがき、食事の後片づけをしながら常備菜づくりや次の食事の用意、電話をしながら家具拭きなど、いろいろあります。

手をかける仕事とかからない仕事を組み合わせるのがポイント。やさしい単純な仕事からはじめて、能率のよい仕事ができるようになるとよいですね。

4 合間しごと

家庭の時間は学校の時間割のようにはいかないもので、来客の到着がおくれたり、予定の仕事が早く終わったり…。そうしたこぼれ時間や用事の合間に、気軽にとりかかれる仕事を用意しておきます。編みもの、ししゅうなどの手仕事、植物の世話や草とり、金具、家具みがき、書類の整理、読みかけの本を読むなど、ちょっとした気分転換にもなるでしょう。必要な材料や道具をひとまとめにしておくと、すぐに始められます。小さな時間が見つかったら○○をしよう、と心づもりをしておくこともだいじです。

5 早しごと

日常の家事では、ていねいにする以上に早く片づけること、間に合わせることが必要な場合がしばしばです。磨くほどに上達する若いうちに心がけて早しごとの訓練をしておきましょう。

仕事を手早くするには、まず時間を気にすること。自分の身支度は何分でできるか、部屋のそうじは、朝食用意はとそのつど時計をみます。タイマーをかけてワイシャツ1枚のアイロンかけが何分でできるかと計ってみるのも楽しく、1回目よりは2回目とだんだん早くなります。

フライは5分で揚がるから○分から始めて揚げたてを食卓へ出そう、出かけるまでに10分あるからガラスを○枚拭こうなどと、計画的な時間のつかい方もできるようになるでしょう。気を散らさず集中して仕事をすることにもつながります。

私の合間しごと

5種類の手仕事をスタンバイ

和室の半間の押し入れに、合間仕事の箱が5つあります。パッチワーク、刺し子ふきん、布絵本、手遊び布絵本、さいころと用途別に材料を分類。ピンクッション、針、糸、はさみなど必要な裁縫道具を5つそれぞれの箱の中に入れているので、箱を1つとり出しさえすれば、すぐにとりかかれます。日によってどれにしようかとえらぶのも楽しみです。布地、毛糸など、ものの命をもう一度生かしているという思いが、小さな満足感を与えてくれます。
荒木久代（大分）

● **5分でできること**
ゴムのとりかえ（パジャマのズボン1点）
レンジまわりの壁拭き（2面）
床のワックスがけ（4～4.5畳）

● **10分でできること**
洗濯ものを干す（4人家族）
靴みがき（3足）
雑巾手縫い（1枚）
ガラス拭き（表裏2枚ずつ）
きざみもの（玉ねぎみじん切り3個分）
おやつクッキーの生地づくり（1単位分）

● **3分でできること**
ふとんをあげる（2組）
ワイシャツのボタンつけ（2個）
セーターの手洗い（1枚）
障子のはたきかけ（和室の2カ所）
新聞を束ねる（1カ月分）
生ごみ入れ（p.50）を折る（3枚）
エアコンのフィルターそうじ機かけ（1台分）

家事時間を短縮したいとき

日中、自宅に電話をかけても留守という家が増えたようです。職業の有無にかかわらず、忙しい中でどうやって家のことを具合よく運んでいくか、アンケートから声を集めました。

課題はいつも〝時間捻出法〟

佐藤乃里子（東京）

子どもの手が少し離れ、両親の介護にはまだ間があるという年代になった。まわりを見ても、仕事に趣味にとやりたいことがたくさんあって、ほしいものはときかれれば「時間」と答える人がほとんどである。

3台の助っ人

5年前、下の子が中学校に上がったのを機に、洗濯機を15年連れ添った二槽式から全自動に買い替えた。洗い上がるまで40分間、すっかり手が離せるようになった。

3年前、婦人之友社からパソコン家計簿が発売されるや、即切り替えた。苦手な書き写し作業がなくなり、1週間分の入力が5分そこそこですむようになった。

1年前、食器洗い機を購入した。コスト、水の使用量、音、衛生面等々、熟慮の末思いきった。

これら3台が家事を一部肩代わりしてくれることにより、私の可処分時間は1日1時間は増えた。同時に、疲れても大丈夫、少々ためても挽回できる、と気がらくになった効用は大きい。ことに食洗機という相棒ができてからは料理や食事

道具、ツールを味方につけて

電話1本、直接主義

品物の注文や何かの申し込みは、電話ですませる。ハガキやファックスといった、ひと手間かかるツールはつかわない。幼児2人を抱えてフルタイム勤務の私にとって、不規則に入ってくる〝すきま家事〟的な事務処理は効率的にすませたい。1日の中で「今ならできる!」という瞬間に、サッと電話する省エネスタイルが合っているようだ。

麻生ひろ（所沢）

物干し専用ラジオペンチ

角ハンガーのピンチのとり替え用に専用ラジオペンチと新しいピンチをいっしょにして洗濯機のそばに備えたら具合がよい。以前は4~5個もこわれ、不便に耐えかねてつけ直していた

がいっそう楽しくなり、これは時計でははかれない、いい時間を得たと思う。

ネーミングとメモ

さて、機械（電力消費）はこれ以上増やすまいと決めた。次なるとり組みは「さがす時間を減らす（できればなくす）」である。有形の物だけでなく、「このことは～する」と決めたルール、方法などの無形事項を、わざわざ思い出さなくてすむ明快なシステムをつくりたい。

たとえばパソコン家計簿の費目の内訳。項目のネーミング次第でさがしものが減る。住居費の「小家具類」を「室内設置物」と変えることで、スリッパの入力先をさがさなくなった。迷子の常連であるパン粉、片栗粉、ベーキングパウダーを、調味料費に「味なし粉系」との命名で設定、以来混乱はない。

通信販売での買いものの日付、バックアップの控えデータ保存法など、こうすると決めたら家計用のノートに書いておく。決めた経緯も添えるといつ見ても納得できる。これくらい覚えていられると思わずに、「急がばまわれ」「明日の自分は他人」である。単純なメモ、これが実に確かで役に立つ。

家族の誰にもわかる法

〝個人的《パーソナル》〟なパソコンとちがって、家族と共有するシステムには別の条件が要る。

まずおき場所が適切であること。覚えやすければ「お母さん、○○どこ?」はどんどん減る。最近のヒットは「いつでもつくれる食事グッズ」と称して、パスタ、ソースの缶詰、レトルト各種、乾麺などを、流しの最下段の浅引き出し1カ所にまとめたこと。ひと目で見わたせてえらべるのが好評で、

同じ〝私〟が、今はこわれたらさっさと直す。これにヒントを得て、いつでもつかう小道具をつかう場所においた。台所に「短ドライバー（鍋用）」と「小金づちと缶あけピック（スプレー缶）」、洗面所と冷蔵庫内に「小はさみ」など。大きさと色に気をつけてえらぶのがこつ。

山本由美（静岡）

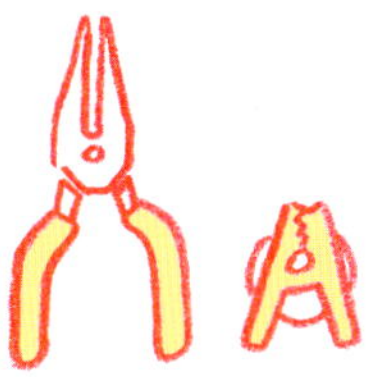

ポケットの中の個人秘書

携帯電話を手にして2年目、スケジュールタイマー機能があることに気づいた。「12:30学童保育にTEL」「○日　9:50役員会へ」など、スケジュールが入った時点で登録しておくと、ポケットの中でブルブルと報せてくれる。ときには「23時　絶対寝る」「火曜　22:00生協の予約用紙」など目標を入れておく。ブザーがなったら（振動したら）条件反射で今していることにきりをつけ、そのことにとりかかるようになった。

吉村美和子（札幌）

急に食事の用意ができなくなったときでも風あたりがやわらかい。

次に単純明記。薬品、衛生消耗品など、あるのに「ない！」とひと騒ぎ起こしやすいものはとくに、引き出しの中、棚などさらに区切ってものの指定席を限定し、札を貼って席の主を記しておくのが一番である。たまって雑然としがちな郵便物は、箱を用意し、「手紙…新しくきたものは左から立てて入れる」などと、入れ方まで書いておもてに貼った。

みんなにわかりやすいことが、結局は家事の時間短縮につながる。今後もあれこれ工夫を楽しんでいこうと思う。

マイナス仕事をしない

最後にもう一つ。自分のうっかりによって用事を増やしてしまう「マイナス（負担）仕事」は、忙しい時期、なんとも避けたい。

1.外出用バッグを決めておく（財布、手帳、携帯電話など中身を出さない）、2.投函する手紙、払い込み用紙など気がついたときにバッグに入れるまでしておく、3.火の元、戸じまりなど一度で確認できるように意識を集中する

この3点の実行で、外出直前の数分がぐっと落ち着いたものになった。けがや病気は最大のマイナス項目。睡眠時間はけずらない。

疲れすぎなければ笑顔が出る。笑顔が出れば、ゆとりのあることを内外にさし示すことができ、それはどうやら家族の心理状態にとってもよいことらしい。

パソコンで買いもの

スーパーの即日宅配に加入。朝冷蔵庫をチェックして、昼休みにたりないものを注文。帰宅後、夜に届けてくれる。時間も手間も労力も助かる。自分や子どもが急に具合がわるくなったとき、飲料や根菜類、缶詰、米など重いもののまとめ買いのときにも。

田口　綾（鎌倉）

ハプニングに備えて

携帯電話を使うと、よくかける相手は番号いらずにたどれるので便利にしています。機械を紛失したら、こわれたらを考えて、小さなアドレス帳に電話番号のひかえを書きこみ、職場においています。持ち歩くものだけに頼らない、二重、三重のセキュリティーです。

佐崎みのり（川崎）

省労働力の家事をめざして

円城寺純子（津）

自宅で高校生に英語を教えて二十余年になります。個人授業のため、授業日はほぼ毎日、教材も個々に異なり、準備に追われることもしばしばです。これまでには、家事はもとより子育てや友の会との同時進行の時期もあり、時間をうまくつかってそれぞれ意義あるものにしたいと常に願ってきた日々でした。

多岐にわたる家事の中で、私は整理整頓やそうじが好きです。家事を終えたあとの清々しさを思い描きながら、いつもすっきり暮らしたいと願っています。主婦が健康を害したり、予定外のことが起こったりして、思うように時間がかけられないときでも、常に省力（省労働力）の家事を心がけて、なんとか乗りきってきたように思います。

ものを減らすと省エネにも

省力のためには、まずものの数を少なくすることだと気づかされました。部屋そうじも、家具が少なければ短時間ですみ、頻繁にクリーナーをかける必要もありません。食器棚の整理も入るだけの数にして、どこに何があるかひと目でわかるようにしておくと、とてもらくです。手を加えてつかいやすく工夫するよさもわかるのですが、その反面、便利になると持ち数が増えた経験から、現状維持での収納を旨としています。トイレットペーパー、洗剤などの消耗品も、もともとある家具の中に指定場所を設け、決めた数の在庫をおくことで整理整頓もそうじも管理もしやすく、省力につながりました。

家具を買う基準も省力を念頭において、照明器具などはカ

頭の中をすっきりと

私の備忘録

鍵の番号、旅行用の小もの、預かりものなどふだん使っていないものの置き場所を思い出すのに苦労することがある。とくにものの定位置を変更したときが危ない。危ないな…と思ったら備忘録（五十音の見出しのついた住所録）に書きこむ。たとえば「き」にスーツケース用のキャリアー、「な」にナップサック。鍵のことは「か」に書いて、「key」のところにも〝か〟に書いたと走り書きすることもある。よく見た項目はそのうち忘れなくなってまったくつかわなくなるし、つかわなかったものはひょんなときに必要になったり…。

小林昭子（東京）

バー内にほこりが入らないよう、天井との隙間の少ないものを求めて、そうじ回数を減らすといった具合です。配置に関しては、一直線にすべてが納まるようにしていて、この考えに添った大きさの家具をえらびます。このことは家事がらくな上に、省エネにも役立っています。わが家では、私の仕事である塾の時間と来客時以外、夏の冷房はしないので、窓をふさいで通気を妨げないよう、家具は壁面におけるだけの数となります。

〝超多忙状態〟にならない予定を

次に、時間と労力が兼ね合った予定をもつことの大切さも学びました。家事予定を立てることで、忙しくて何もできないような極限状態をつくらずにすみます。ひと仕事終わればその場で原状回復をはかり、先手仕事で心のゆとりも生まれることを知りました。

また、時間も労力も効率よくかけて予定の家事を全うするには、一つ一つの動きをていねいにする必要があります。たとえば、冷蔵庫の食品の出し入れにも、庫内を汚さないように容器の底を拭いたり、素手で取っ手をさわらないようにひと手間かけます。窓ガラス拭きの回数を減らすためには、雨戸を活用し、窓を雨や排気ガスの汚れからガードするようにまめに開け閉めします。雨戸は防犯に効果があるばかりか、冬場は昼間にとり入れた暖気を保ってくれます。こまめにていねいに暮らすことでそうじの省力、洗剤や電気の使用が減り、省エネにも通じていくことを、ここでも実感しました。

一見すっきりしていると

すべてのものが本来あるべきところにおさまっていれば、そうじが行き届かなくても、洗濯が少々たまっていても、一見すっきりとして見え、気持ちも乱れません。しなければならないことを箇条書きにして、一つ一つ片づけていく気持ちよさ、何をすべきか、頭の中がはっきりしていることが大事だと思います。

窪川洋子（松戸）

どこかで区切る

終わりなき家事は、どこかで切って予定を守らなければ、いつもいつも追われてしまうように思う。ダラダラしないこと。忙しいときは先手先手で動くことと、たまってやり残した予定事項は、思いきり間引き運転して、なるべく早く正常にもどす。

新井良子（大和）

家事が「雑事」から「教材」へ

戦後の厳しい社会情勢のもとで幼少時期を過ごした私は、いざというとき、女性も経済的自立ができる力をもつようにと、常に言われて育ちました。そのため、家事を習うよりは勉強優先の学生時代を経て結婚した当初の家事能力は、あまりにも貧しいものでした。また、家事に対する想いも浅く、家事は雑事としか思えないまま、時間のつかい方も家事運営も、自分の好みにまかせて行ってきたように思います。

そんな私が婦人之友と友の会に出合ったのは、三十代も半ばにさしかかったころでした。子育てが一段落したら職に就きたいと願っていましたので、短時間で家事をこなす勉強ができるのではないかと思ったのです。省力のことも、はじめはこんな想いからでした。しかしその後の一日一日が、私の考えを方向転換させ、新しい世界を示されることになりました。そして、家事という一つの窓から、その人の人生観や世界観が広がっているのではないかと思えるようになりました。

家事は決して雑事ではなく、いかに生きるかを考えさせてくれる教材の一つだと、今では思えるのです。毎日の積み重ねで家事能力が増すばかりでなく、これまで気づかなかったさまざまなことを感じ、発見する機会にもなります。整理整頓と言っても、ものや時間だけでなく、自身の心の整理にまで及んでいくことも知りました。予定生活についても、家事予定ばかりか、人一生の予定も考えさせられるようになりました。

五人家族の家政と、仕事に友の会にと多忙な日々を過ごした人生の昼の時代を終え、夫と二人の静かな生活が許されるようになった今こそ、他者のために用いられる生き方をしていきたいと願っています。

一つずつ

忙しい時期は、片づけないうちに次の仕事がきて混乱することも多かったが、〝終わらない仕事はない〟と腹をくくって、一つずつやっていく。

殖栗洋子（調布）

基本時刻を守る

きまりよい基本時刻はくずさないで健康でいると、日々新しい力が与えられることを体験します。頭の中で、何が第一で第二で、と整理して書いてみます。与えられた次の日、どうしてもと思う第一のことから、めんどうでも手をつけます。

笠羽巳年子（藤沢）

6

すぐに見つかる、さっと出せる

家庭の中の情報整理

必要な情報を賢く選択、整理する力をつけましょう。

居心地のよい家庭事務スペースはありますか？

落ち着いて書きものをしたり書類をとっておく場所を確保しましょう。

家事には、そうじ、洗濯、料理のように目に見えること以外に、家庭内に入ってくる情報の要不要の判断と整理、家族やそこにかかわる人との交際、連絡、家計そのほかの計画と記録、献立づくりや健康管理など、事務的な仕事がたくさんあります。

家庭事務コーナーは、それらを円滑に処理していくためのコントロールタワー。このスペースが家の中にきちんと確保され、寝る前の10～20分でも事務のための時間をとることで、暮らしは気持ちよくまわっていきます。書斎のように奥まったところより、台所のにおいがただよい、家族の気配や人の出入りに気を配れるようなところにつくりましょう。必ずしも専用スペースの必要はなく、ダイニングテーブルを活用している人も多いようです。文房具、家計簿やノート、ファイル用品、通信用品、辞書や資料などを手近に揃え（下リスト）、わかりやすく整理しておきましょう。未決の郵便物やプリントの一時入れ場も必要で、机の下や出窓の棚などにバスケットをおいている人もいます。自分の目にはつきやすく、人からは見えにくい場所が理想的です。

最近はパソコンも家事とは切っても切り離せないものとなりつつあります（p.90）。家族みなで上手に利用していきたいものですが、ディスプレイやプリンター、周囲に必要な資料やディスクなどがかなりスペースをとるので、リビングやダイニングにおく場合は、場所やデザインをよく考えて導入しましょう。

■事務整理コーナーに揃えておくとよいもの

食器棚の引き出しや主婦の机の中に。
また、市販のレターケースにまとめてもよいでしょう。

文房具

引き出しに入れるなら4～5cm深さに。

鉛筆（黒・赤青）、
消しゴム、メモ、
ボールペン、修正テープ、
マジックインキ
（名前つけ用と太いものと）、
筆ペン、定規、はさみ

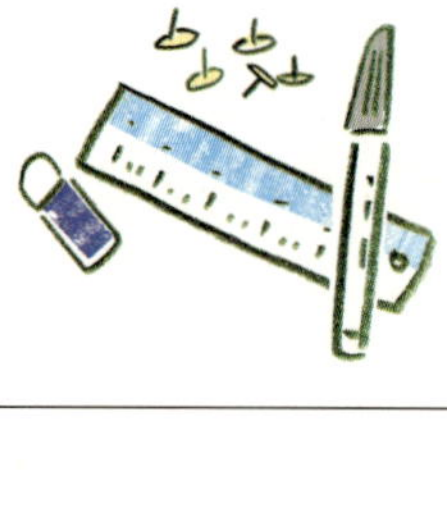

台所に隣接し、格子窓に面した落ちついた家庭事務コーナー。必要な文房具や資料が、すぐ手にとどくところに揃っています。（関矢清子さん）

家具としてていねいにつくられたライティングデスクに、ノートパソコン、プリンターをセット。ふだんは隠れているので、リビングはすっきり。（井田典子さん）

文房具の引き出し。しきりをつくって、すべてのものに指定席を。

郵便用品をひとまとめにした切手はがきだんす。レタースケール、便せん、封印用シールなども。

カッターナイフ、ホチキス、
クリップ、画鋲、
のり、ラベルシール、
セロテープ、接着剤、
印鑑、朱肉 計算機など

通信用品など

じゃばらファイルにまとめても。

ふだんつかう便せん、封筒、
切手、はがき、
絵はがき
写真袋やお礼、
お祝い用のきれいなカード、
また慶弔袋も1つは用意を。

資料ノート類

そばに立ててあると便利。

家計簿、当座帳、
主婦日記（日記帳）、
辞書、
住所録
記録ノート・ファイルなど

その他

10cm深さくらいの引き出しに立てておいても。

健康保険証、母子手帳、
預金通帳（銀行印は別に）など

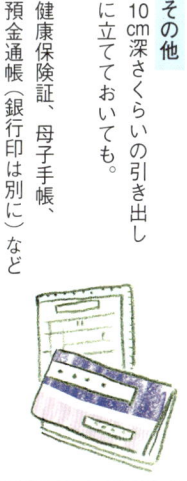

見つけやすく、つかいやすく

家族もつかう情報は「発見」しやすくすることが大切です。

住所録

家庭をもつと、夫婦としての交際がはじまります。結婚と転居のごあいさつ状を出す機会に、住所録をつくっておきましょう。市販のアドレスブックならしっかりと製本されたもの、年々新しいおつき合いが増えることを考えて、追加、補充ができる替え紙式、またはカード差し替え式がよいでしょう。

年賀状の宛名書きや記録をパソコンでするならば、そこでしぜんに家族の住所録データベースができていきます。見たいときにいちいち立ち上げるのは面倒ですし、万一のバックアップも兼ねて、50音順の一覧表にして必ずプリントアウトし、目立つ見出しをつけてファイルしておきましょう。

パソコンの住所録は
バックアップも兼ねて
プリントしておく

電話帳・連絡先

住所録とは別に、夫婦の勤務先や携帯電話の番号、ふだんお世話になる近所の方、病院、歯医者、よく利用する店、幼稚園、保育園などは「よくつかう連絡先」として電話のそばに貼るか、電話番号簿またはノートを備えておきましょう。とっさのときのために110番、119番と、自分の家の住所、郵便番号、電話番号も、最初のページに書きつけておきます。学校の連絡網なども同様に壁に貼るか、見出しをつけて、ファイルしておきましょう。

保証書、説明書

家電などの説明書、保証書はセットにして、大判のクリアブックにまとめる人が多いようです。この際、常に新しいものが手前になるように、ファイルの後ろから入れていくと、だいたいの購入年月で見当がついて探しやすいものです。クリアブックは重くなるのが難点ですから、ひとつずつ封筒かクリアフォルダーに入れて見出しをつけ、本棚の決まった場所に立てておくのでもよいと思います。

パソコンやビデオ、ファックスなどの情報家電は、ひんぱんにマニュアルを見ることが多いので、それぞれの器具のそばにおいてもよいでしょう。

家電の説明書などはクリアブックに。
後ろから入れておくと見やすい

ショッピング関係

店のポイントカードやプリペイドカード、優待券、図書券、映画や旅行の切符なども、いざ、というときすぐに出てこないとイライラするものです。カードの大きさであれば、名刺用のクリアファイルがさっと一覧できて探しやすさは抜群。または5〜6cm深さの引き出しに、箱などでしきりをつくって立てておいてもよいでしょう。そのほかの不定形なものは、細かいしきりのついた状差しに立てておくか、小さなアコーディオンファイルに大まかに分類しておくと具合がよいようです。

カードの大きさのものは
名刺用ファイルに入れると
さがしやすい

図書券や切符などは、
状差しか
アコーディオンファイルへ

本当にとっておきますか？ 保存する前にまずチェック

整理しきれない人は「保存の目安」のハードルを、一段高くしてみましょう。

領収書

ふだんの買いもののレシート類は、家計簿に記帳したら処分。自動引き落としのクレジット、公共料金は、明細、使用量などを記帳し、通帳の記載を確認したら不要です。医療関係は確定申告をして還付を受けることもあるので、1年分（1～12月）はまとめて保存。税金関係や家電、家具などの大きな出費も種類別にクリップしておき、5～6年をめどに処分します。

ちらし、郵便物

郵便受けに入る封書やちらしは、とり出したその手で要不要を決めましょう。さして興味のない広告などは開封せずに「受けとり辞退」と書いた紙に印鑑、またはサインをして貼りポストへもどすと、無料で差し出し人へ。新聞の折りこみ広告も不要なら販売店に断りを入れます（広報は役所に連絡して個別配達に）。不必要の意志表示をすることで、大切な紙資源の節約に一票を投じることになります。

いらない郵便物は「受けとり辞退」を

手紙

心に残る手紙、家族からのものはとっておき、ときどき読むという人が多いようです。それ以外は1～2年と期限を決めるか、「引き出しが一杯になったら」などスペースできりをつけます。事務的なものは読んだら、または返事を出したら処分します。

　年賀状は1～5年保管という人が多く、50音順にまとめてガムテープまたは製本テープで一冊にしておくと、住所録がわりにもなります。また、はがきファイルに2、3年分、人ごとに分けて入れておくと、友人の家族の変遷などがわかって楽しい、という人も。

プリント

講演会や講習会場でもらうレジメやプリント。項目別に封筒やクリアブックに保存する人が多いようですが、月5枚でも積もれば年60枚、5年で300枚。すぐいっぱいになって、また仕分けの手間がかかります。「とりあえず保存」ではなく、「この先活用される度合いは？」と考え、厳選しましょう。（分類整理のヒントは次のページ）

切りぬき

興味のままにあれこれ切りぬかず、いくつかの分野に絞りこみ、ひと月くらい箱にためてから、これは、と思うものを分野別にスクラップブックに。またはルーズリーフなど定型の用紙に貼って見出しをつけ、綴じるのもよいでしょう。

　インターネットの発達で、ニュースや地域情報も手に入りやすくなりました。紙の情報を家の中に安易に入れて、「情報のごみ」とならないように――。

情報があり過ぎると
検索に時間がかかります

分類・整理に迷ったときは

整理の方法と特長を知り、自分がつづけやすいやり方を見つけましょう。

50音順

電話帳や住所録、備忘録など、情報の量が多く、また不特定多数の人がつかうものにむきます。手間はかかりますが、誰でもさがしやすいのがメリットです。ただし、ものや人の名前を忘れると引けなくなってしまうリスクがあります。

年月日順

PTAなどの定例会資料や打ち合わせの手紙、ファックスのやりとり、各種会報などにむく方法です。ふつうは発行日順に重ねていき、最新のものがいちばん上にくるようにファイルします。「役が終わって2〜3年したら」とか「ファイルが○冊になったら古いものを処分」など、保存限度を決めておきましょう。

テーマ別

雑誌や新聞の切りぬき、プリントなどは、テーマごとに分類すると、あとでさがしやすく、また体系的な研究をするのにも役立ちます。クリアブックを利用する人が多いようですが、情報がどんどん増えたり、中を細かく分類したいようなら、差し替えのできるリング綴じをえらびましょう。

衣、食、住、家計など、大雑把に袋かボックスファイルに入れておき、保存版のみファイルする方法でもよいでしょう。

増えやすいものなので、年末、学期末など、定期的に見直します。不要なものだけ抜くのでなく、すべて出してふるいにかけるのが、ためこまないこつです。

テーマ別の切りぬきは
差し替えのできる
リング式クリアファイルに

ボックスファイルに
大まかに分けてから、
保存版を絞りこんでも。

クリアフォルダは
出し入れが楽。

時間順

整理に手間をかけたくないとき、必要度がわからない情報が多いときに試してみるとよいでしょう。

Aさんは、銀行からのお知らせ、習い事の書類、購入を検討中の家電の資料など、次々に入ってくる雑多な情報を、とにかくA4のクリアフォルダに入れ、分類せずに、本棚（50cm幅1段）の奥から順番に立てています。その後つかったファイルは、元の場所でなく一番手前に入れ直すので、情報の並び方はしぜんに使用頻度順になっていきます。

「さがすときは、いつごろ棚に入れたかでだいたいの見当がつきます。ぜんぜんつかわないものが奥にたまるので、折をみてチェック、処分します。中には名簿や地図など何年も残るものができます。それらは特別に大切なものなので、背に色をつけて目立つようにしています」。

こうした整理の考え方は、野口悠紀雄氏が著書で紹介されたものです。分類に頭を悩ます必要がなく、要不要の見極めがしやすいので、家庭事務に応用するのによいと思います。ただし並び順は個人の記憶がたよりなので、家族みなでつかうものには不向きでしょうか。

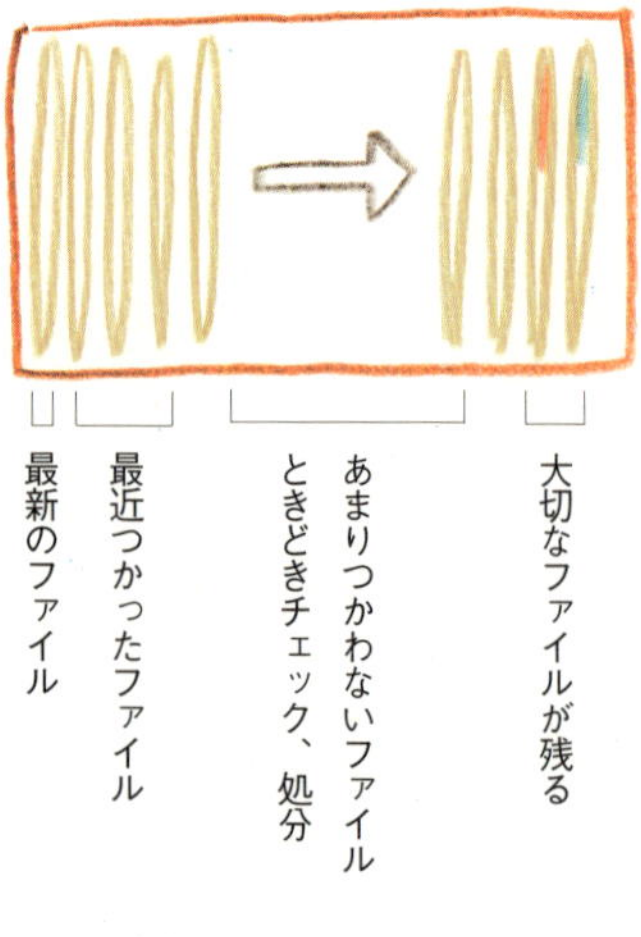

どうしていますか「料理レシピ」

活用するためにはひと手間かけて！

テレビや新聞、雑誌、インターネット、生協の予約用紙などなど、ちょっとおいしそうな料理のつくり方情報は、毎日目に入ります。上手に活用できればよいのですが、メモや切りぬきがたまるばかり…という人も多いでしょう。この場合も情報整理の基本は同じで、「つくってみておいしかったものだけ」「1カ月経ってもつくらなかったものは捨てる」など、条件を厳しくし、定期的に取捨選択します。残ったレシピはノートやバインダーに貼るか、情報カードに書き写して、整理すると、活用しやすいでしょう。

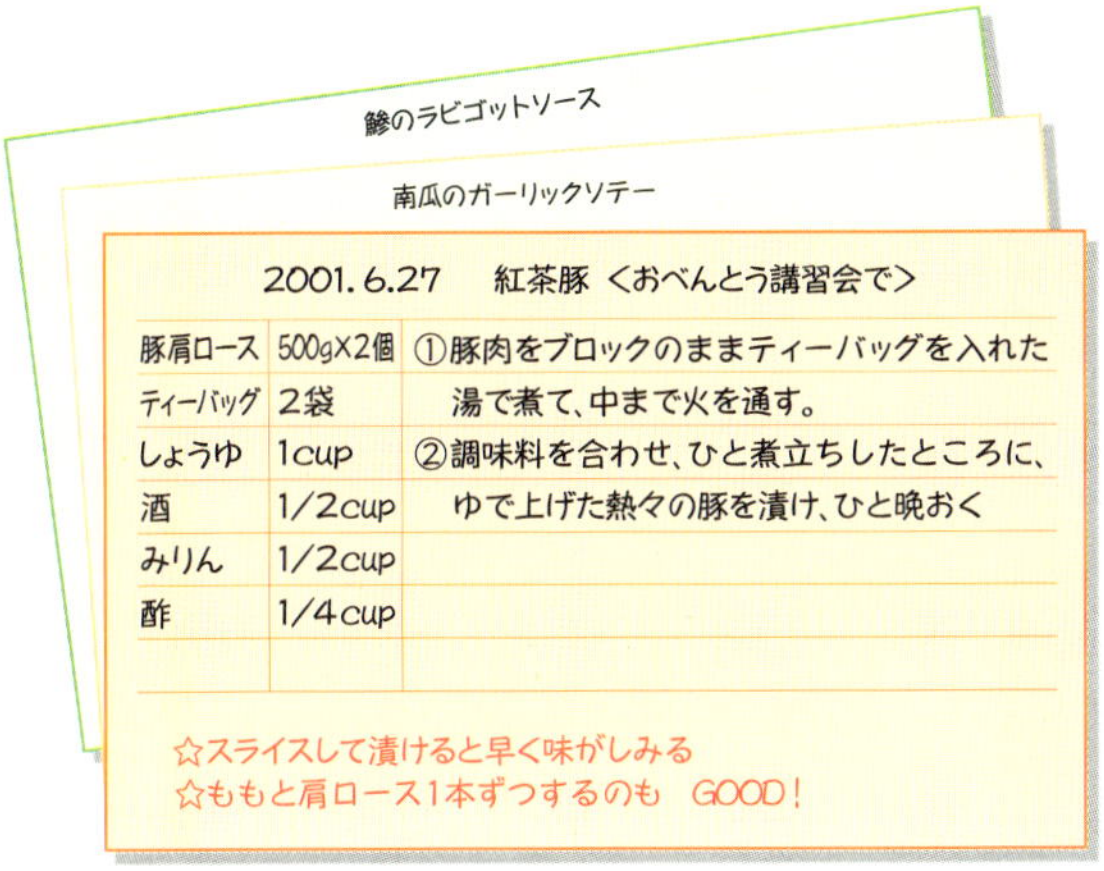

2001.6.27　紅茶豚 〈おべんとう講習会で〉

豚肩ロース	500g×2個	①豚肉をブロックのままティーバッグを入れた湯で煮て、中まで火を通す。
ティーバッグ	2袋	
しょうゆ	1cup	②調味料を合わせ、ひと煮立ちしたところに、ゆで上げた熱々の豚を漬け、ひと晩おく
酒	1/2cup	
みりん	1/2cup	
酢	1/4cup	

☆スライスして漬けると早く味がしみる

☆ももと肩ロース1本ずつするのも　GOOD！

カードは厚さ、大きさがぴったり揃っている方が検索がしやすいので、市販のものを。はがき大くらいがおすすめです。城間みどりさんは、バッグの中に入れておいて、友人からきいた料理のつくり方をメモして活用しています。ボックスファイルかハガキ用のバインダーにはさみ、肉、魚、野菜、鍋、スープなど、自分のひきやすい項目にインデックス分けしておくと、数が増えてもすぐ探せます。書き方は上の例を参考に。

カードのかわりにパソコンでレシピ管理をする手もありますが、案外入力はたいへんです。人に配ったり、料理を教える人には向いている方法でしょう。

料理教室でもらったプリントなどは、あまり加工せずにそのまま時間順にクリアブックかバインダーにはさんだ方が、臨場感あるメモ書きなどがそのまま残ってよいようです。「子どもたちに伝えたいわが家の味」「おもてなしの記録」などテーマ別の記録にはノートを。

重要書類と印鑑

家庭内の重要書類は、つかう頻度別に引き出しやファイルに整理しておくと便利です。管理するのが夫婦どちらであっても、おき場所はわかっているようにしましょう。

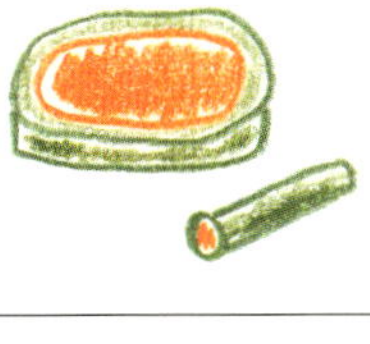

●よくつかうもの
銀行、郵便局などの預金通帳、預金証書、健康保険証など

●ときどきしかつかわないもの
パスポート、印鑑登録証（登録カード）、損害保険証（火災保険、自動車保険、盗難保険、海外旅行保険など、短期のもの）など

●めったにつかわないもの（銀行の貸金庫でもよい）
土地家屋などの権利証、生命保険証、遺言書。長期の国債、公社債、株券など。

●印鑑の保管について
実印　銀行からの借り入れ、財産の移動、保証人になる場合の契約書などに必要。役所で印鑑登録をし、登録証を自宅にもち、実印は貸金庫に預けてもよい。
預金印　銀行（郵便局）に預貯金するときに登録。窓口での出金、自動引き落としの手続きなどに必要。預金通帳とは別の場所に保管すること。
みとめ印　宅配便や書留の配達などの受けとりに捺印する、いわゆる三文判。サインですませることもできる。

万一、火災や盗難にあった場合は、銀行や郵便局に至急連絡をとり、改印届けをして通帳の再交付を受けるようにします。

パソコンで地球家族に

インターネット、メールが、わが家の窓を世界に開いてくれました。

永野美恵子（大分）

地域ボランティアや友の会、そのほかさまざまな活動にかかわっていると、とにかく会報や原稿など、文字を書くことが多くなります。

一大決心でワープロなるものに挑戦したのは今から12年前のことでした。そのうちに夫の上司の方の誘いで、アマチュアパソコン研究会に夫婦で入会。ワープロにモデムを差しこんで電話につなぎ、文字通信をはじめました。

絵が、写真が見られる！

研究会や通信を通して夫婦共々たくさんの友だちに恵まれ、新たな地域活動の輪が広がっていきました。インターネットで写真や絵が見られるときき、95年3月にパソコンを購入。何かあるとすぐに若い知人たちが入れ替わり立ち替わりやってきて、わが家のパソコンをお守りしてくれるので、機械音痴の私もさまざまにつかいこなすことができるようになりました。今ではパソコンなしでは考えられない私の日常です。

パソコンのメリットはいろいろとありますが、年賀状作成や、写真管理、連絡にメールをつかうなど、経済上からも助かっています。大切な写真や文書は、本体以外の媒体に保存していますが、家計簿とメールは、そろそろバックアップをしなくては、と思うところに、パソコンがダウンして青くなることがあります。幸い夫や、友人に助けられて復旧はしていますが、パソコンで事務をする限りは油断できないと、ＭＯへのバックアップをまめにするなど日々自戒しています。

世界中から届くメッセージ

ホームページはわが家のもの以外に、夫婦でボランティアの運営委員をしている「ゆふいん音楽祭」、「大分友の会」の3つを管理しています。これらは夫が英訳を担当。家から見える由布岳、鶴見岳の絵をのせておいたら、北極圏の町トロモスから「あなたのホームページの山がわが家で見える唯一の緑です」。お菓子づくりのページにはメルボルンの男性から「私もお菓子づくりが大好き。レシピを送ります」など、外国からもどんどんメールが届くようになりました。

メール友だちと行き来がはじまり、外国の学生さんをわが家に預かったり、国際会議のゲストのお世話をしたり……と会社人生一筋できた夫と、一主婦だった私に、今は世界のあちこちに、また、日本各地・大分のあちこちに、いろいろな年代・職種の方々との交流が生まれています。

パソコンは社会への窓。どこに住んでいる人とでも、知識や情報を交換し、心を通わせることができるすばらしい道具だと思います。

「情報家電」とどうつき合う？

［アンケートから］

FAX　控えが残る

①相手の時間をじゃましない。
②電話より費用が少なくて、多くのことが表明できる。
③自分の考えがまとめられ写しがとれる。

円城寺純子（津）

FAX　手紙とはちがう

なしでは考えられないほど利用しているが、手紙代わりに気持ちのやりとりまでしない。

今村珂代（川越）

パソコン　家庭の必需品

メール、ネット、通販、チケット予約、家計簿、住所録の管理、年賀状づくり、写真の保管などに毎日使用している。

丸山千絵（福岡）

私のパソコンコーナー

- 東の窓に向かい、リビング、キッチン、ダイニングの中間にあります。パン焼きしながら書きものなど、家事と並行して作業するのに、とてもよい場所です。
- FAX・コピー・スキャナ・プリンタの複合機がパソコン・電話とつながっているので、作った書類をプリントアウト、FAXで送る（メールのつかえない人に）。紙の文書をスキャナで取り込んで文書化・保存・改編がたやすくでき、便利です。
- デスクの引き出しには、パソコン用紙のほかに、切手、便せん、絵葉書なども常備していて気軽にペンをとります。手で書くこともいつまでも大切にしたいと思います。

パソコンでしていること

メール交換、親戚メーリングリスト、チケット予約、ホームページ作成、文書作成、住所管理、年賀状作成、写真管理、家計管理、友の会連絡、栄養計算、統計作成など

携帯電話　振り込みは自宅で

残高照会や振り込みを携帯電話でする。特に振り込みは用紙記入の手間、列に並ぶ時間も省け、通勤途上や子どもが寝静まった深夜に手元でピッとすみ、とても助かる（パスワードや暗証番号は他人にわからないよう注意）。

杉下菜穂子（名古屋）

携帯電話　日常と緊急

旅先からの連絡、日常的にはタクシーの呼び出し、孫たちとの連絡に。電話代が高くつくけれど、救急の場合の投資とも思っている。

大山幸子（鹿児島）

［デメリット］

FAX
- うっかりすると紙をつかいすぎてしまう。
- 限りなく仕事が増える。（あきらめることがなくなる）。

パソコン
- メールを夜おそく打つのでつい時間がのび、寝る時間がおそくなってしまいがち。
- インターネットは情報が多くとり入れられ便利な一方、目が疲れ、時間がとられる。

すべて
- 購入、維持費用がたいへん。

家計簿で暮らしがかわる

バランスのよい家計管理の基本は？

●予算を立てて暮らしをデザイン
収入を把握し、貯蓄の計画を
生活費の予算を立てる
予算のバランスをチェック
何が見えてくるでしょう

クレジットカードでの買い物が増えたり、夫婦それぞれに収入があったりと、家庭に関係するお金の動きは複雑に、つかみにくくなっています。今の時代の家計管理は、まずそうしたお金の動きをしっかりととらえることが大切です。見えない家庭の経済を見える形にする「家計簿」の存在意義は、これからもますます高まっていくことでしょう。

パソコン家計簿ならお金の出入りを打ち込んでいくだけで、自動的に集計をしてくれます。スーパーのレシートには品名が詳しく印字され、忘れた交通費はインターネットで調べることもできます。数字は苦手、と敬遠せず、自分の続けやすい方法をみつけて、収支を記録するところからはじめてみましょう。

婦人之友社の「羽仁もと子案　家計簿」は、1年の収入を予測して費目ごとに予算を立て、記帳のつど予算から差し引いて、照らし合わせられるのが特長です。ひと月、1年と、つけてゆくうちに、しぜんと家計プランにそった生活ができるようになります。

別冊付録「すぐわかる予算生活のガイド」には、地球温暖化の原因となるCO_2の排出量年計表もついています。家計簿は、私たちの暮らしと地球環境について考えるきっかけともなります。

次のページから松戸友の会の浜中容子さんに、家計の予算の考え方と、「予算生活のガイド」を利用した、かんたんな年間予算の立て方について、書いていただきました。

当座帳
買い物をしたらすぐ
記帳する現金出納帳

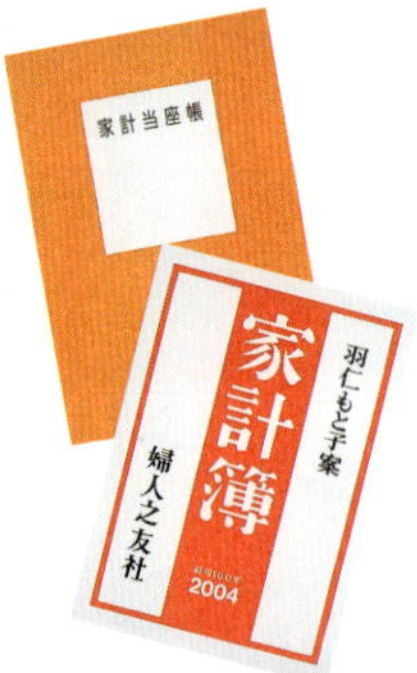

羽仁もと子案
家計簿

パソコン家計簿に切り替えて

安城洋子（東京）

パソコンの家計簿ソフトをわが家に導入するなら、予算と照らし合わせができる婦人之友社のソフトをぜひ、と思っていました。2年前、私専用のパソコンを購入することになり、念願かなって家計簿も切り替えました。

つかってみてよいと思ったことは、月のまとめ、年集計が自動的にされるので時間短縮になること、当然のことながら転記ミスがなくなったこと、カラーで見やすいグラフがすぐできることです。項目分けをわが家に合わせて設定したので、予算を考えるのも楽になりました。娘が自分の衣服費の予算の残高を調べるなど、家族も気軽に検索しています。

CD-ROM版
生活家計簿

予算を立てて暮らしをデザイン

予算のある生活は、近い夢、遠い夢を実現します。

浜中 容子

生活の基盤であるわが家の経済。その実情をつかんでいないと、このままでいいのかと漠然とした不安にかられるものです。予算にもとづいた家計管理は、何にどれだけつかえるかがわかり、将来のために今何をしなくてはならないのか筋道を立てて教えてくれます。

まず収入を把握し、貯蓄の計画を

●予算を立てる前に 来年はどんな年であるか、収入の見通し、子どもの入園入学や法事などの予定、家族として重点をおくことは何かなど、確認します。次に、将来への見通し――住居を持つ計画、教育費の山はいつになるかなど――を話し合っておきましょう。

●収入の予算 固定した収入（給料）と変動のある収入（賞与・時間外手当など）を分けて見通しを立てます。大事なのは基本的な生活費が固定収入の中におさまるようにすることです（p.95）。

次に昨年の実際から税金・社会保険の見積もり金額を書き出します。わが家の経済がどれくらい社会的な責任を担っているのかを知り、そのつかい道に関心をもつことにもなります。収入から、税金社会保険を引いた可処分所得が、貯蓄や生活のためにつかえる金額です。

●生活準備金をもつ 今、わが家の貯蓄がどのくらいあるか、確認しましょう。もし「生活準備金」として収入の3カ月分の貯蓄がないようでしたら、それを最初の目標とします。このお金は、減収や病気など不慮の事態が起きたときに備えておくものです。生活の規模に応じて少しずつ増やしていきたいものです。

貯蓄にはこのほか、月々の収入では買えないもののために積み立てる「目的貯金」、住宅貯金や教育貯金など、「将来の大きな出費への備え」があります。貯金のゆとりはないと思う人でも、もし収入が10%カットされたら、その中で何とか暮らしてゆくでしょう。「余ったら貯金をする」のではなく、はじめから予算にとることが大切です。

純生活費が一番高い年代は、住居費や教育費のかかる50代前半で、30代前半の約1・8倍近く。（全国友の会家計決算報告）貯金のできるのは子どもの小さい若い年代だということもしっかりと心に留めて、予算を決めましょう。

可処分所得から貯蓄を引いたものが「純生活費」となります。

生活費の予算を立てる

収入、貯蓄の予算が立ったら、いよいよ生活費の予算です。単なるお金の配分ではなく、家族の夢や願いを尊重しながら、限られた収入の中で何を選び何を次に回すか考えます。

はじめて家計簿をつける人は、ともかく純生活費の枠をはみ出さないと心に決めて、1カ月でも家計簿をつけてみます。支出がつかめてきたら、年間の費目別予算を立てることができるでしょう。

収入が10%カットされても暮らしてゆくと思えば、貯金はできる

費目別の予算の目安

前述の、「予算生活のガイド」の「費目の内訳一覧表」をつかって、はじめての方でもやりやすい予算の立て方をご紹介しましょう。

この表には15の費目ごとに具体的な品名が細かく出ています。まず基本的な調味料やガス、電気代、消耗品など自分の家で必ず必要なもの(生活の基礎となるもの)にマーカーをかけます。次に別の色で、来年してみたいことを頭に描きながら、趣味や旅行、そのほか生活の潤いのために必要なもの(加わるもの)に印をつけていきましょう。どちらにしてよいかわからない場合は、左ページの表を参考にしてください。さらに基礎を2つに分け、年代や状況によって必要なものを別にすると、長期的な見通しもたてやすくなります。

各項目のそばに、金額のわかるものは記入、その他は1カ月でも記帳した家計簿を参考に、およその金額をその項目のそばに書き入れ、おのおのの合計を出します。

予算のバランスをチェック

さあ、ここで「生活の基礎となるもの」の合計額は、先に立てた収入の予算のうち「固定した収入」の中におさまっているでしょうか。

景気や業績などで変動する収入に大きく頼る生活は、不測の事態に対応ができない、基盤の弱い家計になってしまいます。基本的な生活は基本的な収入の中で暮らせるように、費目ごとに内容を見直してみましょう。例えば洋服や寝具の新調は来年にする、ワイシャツ、セーター

Tさんの家計

Tさん38歳　夫41歳、子ども幼稚園年長、年少

費目・内訳		予算月額	基礎	加わるもの
収入	給与	324,000	324,000	
	手当	50,500		50,500
	賞与	106,000		106,000
	児童手当	10,000		10,000
	その他	14,000		14,000
収入合計		504,500	324,000	180,500
税金ほか	税金	24,000	9,000	15,000
	社会保険費	60,000	58,500	1,500
可処分所得(A)		420,500	256,500	164,000
貯蓄	預貯金	25,000	14,000	11,000
	生命保険	29,000	9,000	20,000
貯蓄合計(B)		54,000	23,000	31,000
(A)ー(B)純生活費		366,500	233,500	133,000
純生活費	食費	74,500	71,500	3,000
	内訳 副食物費	51,000	51,000	
	内訳 主食費	14,500	11,500	3,000
	内訳 調味料費	9,000	9,000	
	光熱費	13,500	13,500	
	住居・家具費	114,500	41,500	73,000
	衣服費	11,000	3,000	8,000
	教育費	42,000	38,000	4,000
	交際費	22,000	1,000	21,000
	教養費	12,000	8,000	4,000
	娯楽費	6,000		6,000
	保健・衛生費	9,500	9,500	
	職業費	41,000	41,000	
	特別費	9,500	1,500	8,000
	公共費	500	500	
	自動車費	10,500	4,500	6,000
純生活費合計		366,500	233,500	133,000

＊Tさんは幼稚園の費用は基礎に、ボーナス払いのローンは加わるものにいれました。

予算生活のガイド「費用の内訳一覧表」

費目	内訳
教育費	授業料、保育料、授業料以外の校納費、積立金 ＊学校債は貯金に、学友会費、PTA会費、教科書、参考書、学生の書籍・雑誌類、学用品(校内靴も)、ランドセル、通学交通費、玩具、こづかい、学校外の補習、けいこ代(教材、交通費なども)、受験費用 ＊入学金、宿泊費も含む、遊学費 ＊授業料、下宿代、食費、交通費も含む、子どもの遊び・スポーツ用品、子どものための音楽用品、調律 ＊大人のものは教養費または職業費に、PTAに出席する交通費
交際費	通信(切手、ハガキ、便箋、封筒)、宅配便・小包料 ＊交際に関する時、贈りもの(結婚、出産、入学、進学、就職、誕生など)、香典、供花、見舞い＊直系の場合は特別費へ、訪問のための交通費、手みやげ ＊直系の場合は特別費へ、接待の食費、PTA親同士の集い
教養費	新聞、雑誌、書籍類、テレビ受信料、大人の教養や勉強のための費用(月謝、材料、楽器等)、免許取得および更新、音楽会、展覧会等の鑑賞、カメラ、フィルム、現像、レコード、カセット、ビデオテープ、CD＊娯楽と思う場合は娯楽費へ
娯楽費	旅行、遊びの費用
保健・衛生費	衛生消耗品(歯ブラシ、歯みがき、トイレットペーパー、ちり紙、化粧石けん、シャンプーなど)、化粧品、カミソリ、ヘアブラシ、つめ切りなど、入浴代、パーマ、整髪代、医薬品類(常備薬、消毒薬)、カイロ、防虫薬品、医療器具(体温計、血圧計、水枕)、医療費(初診料、再診料、入院費、出産費)介護保険利用者負担金、＊医療費の戻りは保健・衛生費で差し引く、予防注射、健康管理費(健康診断)、眼鏡、補聴器、ヘアドライヤー、電気カミソリなど

「公共費」とは
支援する団体や母校などへの寄附、会費、災害地への義援金など、社会のための支出です。羽仁もと子は「家庭は簡素に社会は豊富に」との考えから、この費目をつくりました。わずかな金額でも予算にとり、感謝と平和への思いをもって、数字を記していきたいと思います。

のクリーニングを減らして家で洗う、小さなことでは電気代ガス代の予算を下げて、それを目標に暮らしてみる、調味料をなるべく手づくりにするなど、力をつけ、生活をかえるチャンスです。

1度では全収入の枠の中にもおさまらない方が多いと思います。加わるものの中から優先順位の低いものは次にまわすなど省いていき、収入枠の中にもおさまるようにします。

立てた予算を家計簿に書き、いよいよ予算生活の出発です。家計簿は毎日つけるのが基本ですが、とどこおってしまったときも、手持ちの現金がいくらあるかだけは、毎日必ず記録しましょう。その期間にかかった金額は、最低限わかります。

何が見えてくるでしょう

1年つけた家計簿を見直してみると、嬉しかったことや心配したことなど、わが家の生活の息づかいが聞こえてくるでしょう。子どもの成長や折々のできごとなど、記憶は薄れても記録が数字になって残り、家族で育み創りあげてきた足跡が、日記のように残るのも、家計簿をつける楽しさです。

もうひとつ、家計簿は人の生き方を映し出す鏡のようなものだと思います。便利さ、安さを優先するか、高くても環境によいほうを選ぶかなど、無意識のうちに選択しているものを、数字を通してはっきりと示してくれるのが家計簿なのです。

反省することは次の年の予算立てに活かし、家計簿を通して、簡素で豊かな生活に近づいていきたいと願います。

固定収入の中におさまっていますか

生活の基礎となるところはできるだけ固定した収入内におさめたいものです。いざとなったらやめるところも、考えておきます。この表はあくまでひとつの考え方。自分の暮らしに合わせて、アレンジしてみましょう。

こわい「バームクーヘン」赤字

ぜいたくはしていないのに赤字になるYさん。家計簿をつけて、痛みを感じない程度の少額の支出が重なっていることに気づき、こう表現していました。一度広がった生活をもどすのは、思う以上に大へんなことです。

基礎となるもの・加わるもの

	固定している収入	変動する収入
収入	基本給	賞与、諸手当・利子・その他・主婦のパート・アルバイト

	生活の基礎となるもの		加わるもの
	基礎①	基礎②	
	どの年代にも共通して必要なもの	年代・健康状態・家族の状況により変化する基本的なもの	個性を育てるもの 生活に潤いを与えるもの
副食物費	副食の材料など		菓子・健康食品
主食費	米、パン、めんなど	給食・乳児用粉ミルク	外食・サービス品
調味料費	基礎調味料など		酒類・嗜好品
光熱費	電気・ガス・灯油など		
住居・家具費	水道代・家賃・管理費 電話代・消耗品	住宅ローン・修理・手入れ	インターネット 園芸・ペット
衣服費	下着・ふだん着 消耗品	寝具・小物・クリーニング おむつ・背広・外出着	スポーツ着・おしゃれ着 アクセサリー
教育費		義務教育費	私立(幼・小・中) 高校・大学・専門学校 家庭教育費
交際費	通信費		慶弔・訪問・接待
教養費	新聞、NHK		書籍・趣味・勉強
娯楽費			旅行・スポーツ
保健・衛生費	衛生消耗品・整髪	めがね・医療費	
職業費		職業のため	
特別費	家庭事務費	親の介護	親へのプレゼント・掛け捨て保険・自家の冠婚葬祭
公共費	社会のために差し出す		
自動車費		仕事に必要なもの	仕事以外のもの

松戸友の会案

これだけはしておきたい防災対策

地震のニュースをきくたびに不安になるけれど、実際には何も手を打っていない、ということはありませんか。

震度7の直下型地震が兵庫県南部を襲ったのは1995年1月17日午前5時46分。そのとき役に立ったふだんの備えはどんなことだったでしょう？　その後も習慣としてつづけていること、逆につづかなくなったことは？

大震災を経験した神戸・西宮友の会会員245人のアンケート回答をいただきました。

多くの家庭で「わが家の習慣」となっている次の6項目を中心にご紹介します。

1.枕もとに着替え、履きもの、懐中電灯　2.飲料水の用意　3.お風呂に水をためておく　4.食品の買いおき
5.家具のそばで寝ない　6.非常持ち出し袋の用意

いつもの習慣で助かったこと

無防備状態の就寝中を想定して備えることが大切です。

各自の枕もとに

夜寝る前、近くに何を用意しておきますか？　真冬に早朝の災害、はおるものがそばにあるだけでもどんなにありがたかったことでしょう。履きものの重要さや、小さな必需品のおき方に注意が必要なことがわかりました。緊急用の笛も手近にあるとよいようです。

必需品は手さぐりで届くところにおく

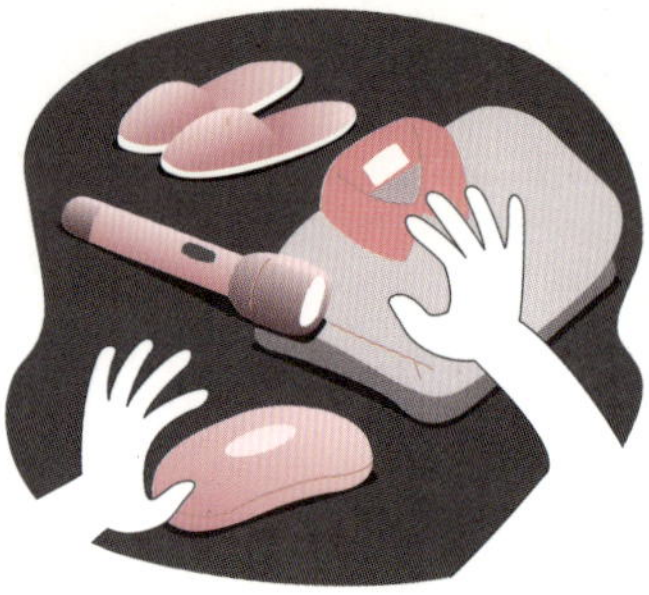

こえ

枕もとに翌日着るもの、玄関脇に防寒具をまとめていたので、子どもにすぐ着せて避難できた

床にガラスが散乱、スリッパがあるだけでも助かりました

懐中電灯はベッド脇の引き出しに入れている
枕もとにおいたが、揺れで飛んでしまってさがせなかった
玄関の通路、寝床、納戸とあちこちにおいている
コンセントで充電、停電時に発光するタイプの常備灯が便利

めがね入れに立てておいたら、倒れて落ち、こわれてしまいました

部屋に積み上がった本や家財道具の中にコードレステレフォンが埋もれてさがし出せず、しばらく電話がかけられませんでした

トイレは安全な空間ときき、携帯ラジオ（テレビの音も入るもの）をおいている

ふだんつかっているハンドバッグは手さぐりでもわかるところにおく
入れ歯はカチッとふたのしまる入れものに入れて寝る

食品の買いおき

大地震の直後はスーパーやコンビニエンスストアも混乱状態におちいり、自治体保管の非常食もすぐには配給できません。当座はパン、牛乳などそのままで食べられるものが役立ちます。

日常購入している品ものを、きらさず少し重なるように補充する方法がつづけやすいようです。

2〜3日、熱源なしでしのげる食べもの

常備菜
(冷蔵庫ではふたつき密閉容器だと散乱しない)

冷凍庫のおかず、おこわなど

パン、クッキー、缶詰など

冷蔵庫に常備菜を3〜4品、きらさずにつくってあったのがよかった
ラップでふたをしていたら、冷蔵庫内で中身が散乱！
カレーの残りを鍋に入れたままガス台においておいたら、落ちて中身が床に！　流しの中におくようにしている
冷凍食品の自然解凍で食べられるものが役立った
缶詰を常備、冷凍庫には残りものも含めて2〜3日分の料理したものを保存している

長くおける食料はいつも余分に買っておく

水の用意

飲料水として最初の日に大助かりだったのは、習慣のようにやかんにくんでおいた水。流しの中においておくと安心です。

次に切実な生活用水は、前夜のお風呂の残り湯を利用した人が大多数でした。初期の消火にも役立つでしょう。

そのほかポリタンクに常備するには、定期的に水やりや洗濯につかうなど、水の入れ替えを生活に組みこむことが、無理なくつづけるこつのようです。

水道の復旧まで最長104日、給水車がすぐくるとは限らないので、井戸や湧き水など利用できる水源、給水基地など前もって調べておくことも大切です。

水は生きていくのに欠かせません

やかんに1杯、
水をくんでおく

ペットボトルで常備
5年間もつスーパー保存水も市販されている(1.5ℓ×8本で2400円くらい)

大人1人が1日に必要とする
飲料水は3ℓ
常備の目安は救援態勢が
ととのうまでの3日分

浴槽にためておく
水洗トイレで流す水は
1回分8〜10ℓ

毎晩やかんに1杯水をくんでいました。水道がすぐに出なくなったのでとても助かり、1日目はそれでしのげました

ポットにお湯をいっぱいにしておくのも、ふだん朝の調理にすぐつかえて便利です

お風呂に残り湯を捨てずにおいたことが、そうじにもトイレ用にも本当に助かりました
残り湯は、浴室のカビが気になり、洗濯につかったあとはからのまま。トイレ用の水はポリタンクにくんで物置に保管している

■水の運び方
ごみ用ポリ袋は口が結べてこぼれないので便利。バケツ、衣裳ケース、段ボール箱などにポリ袋をひろげて入れ、そこに水を入れて口を結んで運びます。

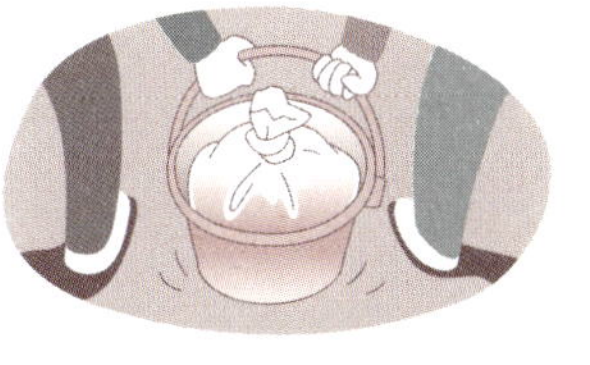

家具のそばで寝ない

家具の配置は地震を前提に考えるということをこの震災から学びました。（阪神・淡路大震災では亡くなった方の77%が窒息、圧死が原因でした。）一度固定しておけば、ふだんは気にとめなくてすみます。パソコン（ディスプレイ）、テレビなども揺れると飛び出します。OA機器の四隅を台に止める専用ガード、冷蔵庫用のストッパー、ピアノやオルガンの足につける移動防止器具など、つかい勝手のよい製品が出ています。ときおり対策を見直してみましょう。

ガラスには飛散防止フィルムを。額にも貼っておくと落ちたとき被害が少ないでしょう。

避難出口は、玄関のほかに、ベランダ、勝手口、窓など、もう1カ所想定し、出口までたどりつくために、落下物が通路をふさがないようにしておきましょう。

まずは寝室の安全対策を

高いところにものはおかない
頭に落ちてくるような所には
額を壁にかけない、ものをおかない

家具を倒れないように固定

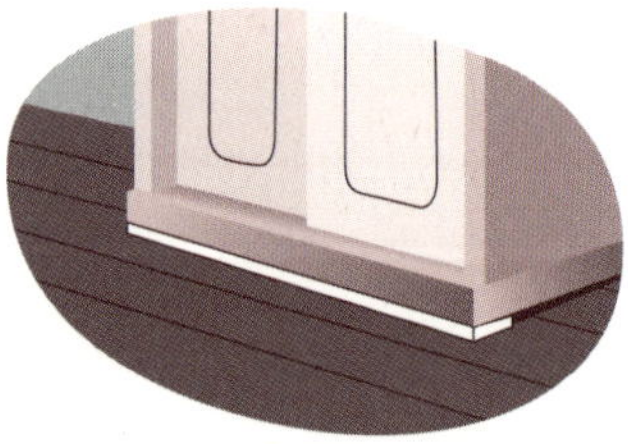

倒れてきたたんすで夫が負傷。寝室には何もおかないことを第一に、設計をしてもらった

家具をつくりつけにリフォームした。たんすや高い所にものをおかない

洋間のドアを外開きにとり替えた。震災時落ちてきた本で内開きのドアが開けられず、娘は窓から逃げた

地震でピアノは部屋の真ん中まで動いた

玄関の熱帯魚の水槽が割れ、外に出られずに困った

家の修理はさっさとする。メンテナンスをよくしていたところが持ちこたえたとのデータをいただいたので…

住宅を購入した際に天井裏にかすがいを入れて補強しておいたので倒壊をまぬがれました

マンション住まい。大揺れがおさまったとき、すぐに玄関をあけて止めておき、助かりました。ドアが開かなくなった家もあったとか

電気、ガス…1つの方法に頼りすぎない

ライフラインの完全復旧には、電気は50日、ガスは128日かかりました（一般には電気は1週間、ガスは3カ月といわれています）。調理、暖房など、複数の熱源を使用可能にできるとよいでしょう。調理のときに一番助かったのは卓上コンロ。電気、ガスが通るまでは煮炊きのできる唯一の器具となります。

便利さを求めがちな現代の生活ですが、電気、ガスがつかえないときのシミュレーションをしておくことが大切でしょう。そうじ機が動かないとき、ガラス破片の片づけなど、やっぱりほうきも要りますね。

いろいろな方法を知っていると心強い

ふだんは炊飯器でも…

カセットコンロと鍋でも

電子レンジでも

飯盒でも

ご飯をお鍋で炊く方法を知っていてよかった

卓上コンロが活躍、ガスボンベを常備しています

電気は一番早くつかえるようになったので、電気ポット、ホットプレート、電気鍋など役立ちました

マッチ1本でつく灯油のコンロと灯油を常に点検。暖房とともに、救援のための食事づくりに一番役に立った

煮炊きのできる灯油ストーブもつかえる状態にしてあります。オール電化などすべてを便利にするのでなく、基本的なものもできるだけ残した暮らし方を選択しなければ、災害時お手上げ状態になることを意識しています

家族の行動、連絡法を確認

平日の昼間に大地震が起こると電車、バスがストップし、大勢の帰宅難民の出ることが予測されています。勤務先や学校などからどうやって帰るか、家族で前もって相談しておきましょう。

災害時は電話連絡が殺到し、混乱します。携帯電話もつながるかどうかわかりません。安否確認は災害用伝言ダイヤル171（イナイ）で。4けたの暗証番号を決めておくと他者には聞かれません。

家族の約束

集合場所、連絡方法を決めておく

帰宅地図をつくる

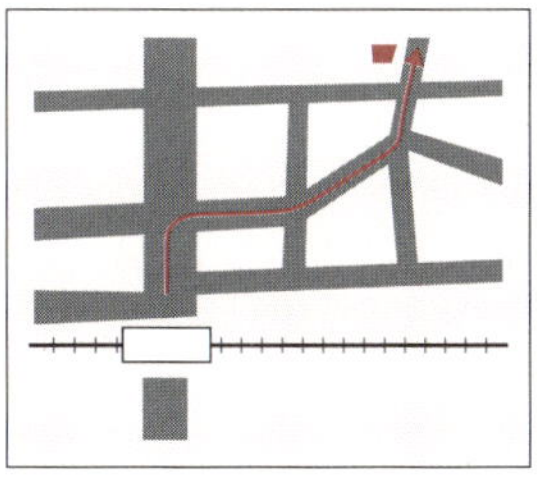

外出中、家族が心配でもあわてて家に帰ろうとしないこと。自分の身の安全が第一と子どもに話しています

仕事先や通勤通学途上では、そのもよりの学校へ避難することを約束しました

地震に限らず、一時しのぎの食料（チョコレート、チーズなど）を外出用バッグに入れています

ありがたかった人のやさしさ

何よりも何よりも、人の交わりは役に立つのを超えて、“力のもと”でした

近所の方々の協力こそが、本当に助けとなりました

何がお返しできるかと考えて、伝えることだと思いました。毎年1月17日に親しい人へ、備えわすれていませんか？の声かけをしています

非常持ち出し袋に用意するもの

大事なものを、小さく軽くまとめてリュックサックに。

緊急用品・雑貨

小型ラジオ　懐中電灯
電池（1日1回交換するとして3日分を）
・手まわし式充電のラジオ…ハンドルをまわすことで充電される乾電池不要の商品もあります
ロープ　マスク　軍手
防災頭巾（あればヘルメットを出しやすい場所に）
レジャーシート（アルミ製は防寒、防暑にも）
折りたたみ式飲料水用タンク
タオル2枚　ポリ袋　古新聞
非常用ろうそく　マッチ
筆記具（メモ、油性マジックペンも）
ラップ（お皿に敷くと洗わずにすみ、汚れた手でも食べものを受けとれる）
割り箸
・マルチばさみ、缶切り、栓抜き、キャンプ用食器セットなどもあると便利

保健・衛生品

救急用品（目薬、絆創膏、うがい薬、傷薬など）
常備薬（個人が日常服用しているもの）
ウエットティッシュ
ポケットティッシュ
トイレットペーパー
洗面セット　生理用品　携帯用トイレ
カイロなど

避難するのは、余震の心配がある、家が倒壊した、火の手がせまっている場合など。ガスの元栓、電気のブレーカーなどオフにして出ます。避難場所、救援態勢など、市町村の広報を読んで知っておきましょう。地域の防災訓練にも積極的に参加を。

持ち出し品…家族で確認、分担を

おき場所は皆がわかっているようにしましょう。とり出せなくてはつかえません。震災を体験された方は、「玄関の花台を箱にしてその中に非常持ち出しのリュックを入れている」「戸外のメーターボックスの中と車のトランクにもおいている」など。

中身の点検は、日を決めて行うのが一番です。「年に1度、大震災のあった1月17日にチェック。賞味期限だけでなく、自分の体力、加齢状況に応じた内容であるように検討します」

持ち出し品の内容は、年齢や家族構成によって異なります。上記のリストを参考にえらんでください。重さは女性用で3.5kg、高齢者は体力に応じて2kgまでが目安です。

■高齢者向けに必要なもの

めがね（予備、または虫めがねでも）
＊入れ歯（はずしたらなるべく身近におく）
診察券、老人医療費受給者証のコピー、服用中の薬（3日分）、緊急連絡先など

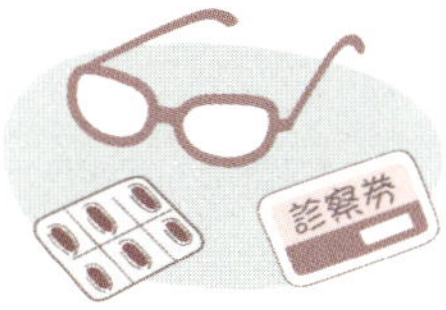

■乳幼児のために加えるもの

＊母子手帳、紙おむつ、哺乳びん、ミルク、ベビーフード、スプーン、フォークなど、ふだんから外出用としてひとまとめにしておくと緊急時にもよい

■幼児が自分で背負う場合

リュックに住所、名前、親の名前。中身はパンツ（おむつ）、ポリ袋、タオル、おやつ、えんぴつ、メモなど

＊印は、ふだん別の場所で保管、使用していると思われるもの

貴重品

健康保険証のコピー
手帳（連絡先、住所、預金通帳番号などの控え、生命保険証などの控え）
＊印鑑類　現金（電話代などの小銭、当座の生活費）など

食料品

飲料水
（1人分のサイズのものが便利）
乾パン　飴　非常用食品など

衣　類

帽子　下着　靴下　靴
ソーイングセット
風呂敷（肩や膝をおおって防寒、帯状にして止血にも）

その他

避難場所への地図
家族の写真

●家庭の救急箱

けがや虫さされ、医者にかかるほどではない病気のときのために、家庭にはこんなものがあると助かります。日光があたらず、湿度、温度が低く、小さい子どもの手の届かないところにまとめておいておきましょう。1年に一度チェックして、そろっているか、薬の有効年月日など確認を。

【内用薬】
消化剤　整腸剤　かぜ薬　解熱鎮痛剤など
【外用薬】
消毒薬　虫さされ薬　やけど用軟膏　目薬　うがい薬など
【その他】
とげぬき　はさみ　ピンセット　体温計　包帯　ガーゼ　カット綿　紙テープ　ガーゼつき絆創膏　綿棒　三角巾　湿布薬　貼付式保冷シート　マスク　カイロなど
（予備の耳かき、爪切り）

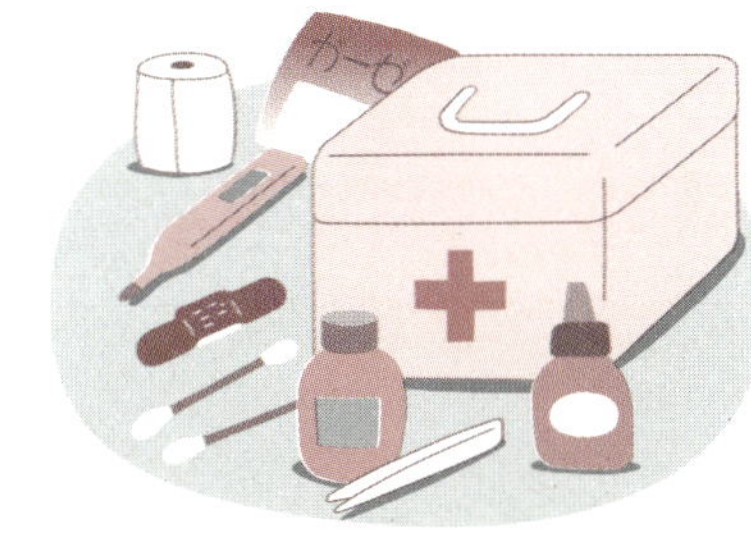

いくつ実行していますか？ エコライフチェックシート

買いもの、料理、ごみ捨て…家事は地球環境と直接つながっています

	えらぶとき つかい捨て商品を買わない、つかわない工夫を	**つかうとき** 適量を守ってむだづかいをしないことが一番	**家の外に出すとき** リサイクル状況、ごみの回収法など、地域によって異なります。広報に注意を
紙 紙のむだづかいをなくすことが森林資源の保護につながります	☐ トイレット（ロール）ペーパー、ノートなど再生紙利用の製品を ☐ 紙コップ、紙皿の利用は控える ☐ 不要な郵便物は断る（p.87参照）	☐ ティッシュペーパーを気軽につかわない 	☐ 古新聞、古雑誌、段ボール、包装紙など、束ねて古紙回収に ☐ 牛乳パックは回収箱へ
プラスティック 石油、エネルギーを大量消費して製造。埋めても分解せず、燃やせば高熱と有害物質が出ます	☐ 買いものには袋を持参、過剰包装はことわる ☐ ラップフィルム、ゴム手袋など、塩ビ製品を避ける ☐ トレイ（にのった商品）購入を減らす ☐ 消耗品、調味料など詰替用を利用する ☐ つかい捨て容器よりくり返しつかえるびん入り商品を	☐ 残りものはラップをかけずにふたつき容器で保存 ☐ 電子レンジにかけるときにラップはつかわない	☐ 缶、びん、トレイ、ペットボトルはリサイクルに ＊缶、びんは貴重な資源。発泡スチロールトレイやペットボトルは買わないのが一番ですが、使用後はせめて不燃ごみでなく回収箱へ
生ごみ 水きりしない生ごみが大量になると、運搬のエネルギーがかかり、焼却施設の処分効率も下がります	☐ 食品の購入は計画的に	☐ 食材はできる限りつかいきる ☐ 料理は適量つくる	☐ 生ごみはできれば土に返す（p.50参照） ☐ 捨てるごみは少なく、水分も減らして
水 上下水道の浄化には、多くの電力がつかわれます。生活排水は河川を汚染します	☐ 洗濯、そうじ、食器洗いには環境にやさしい洗剤を 	☐ 食器、器具の汚れはヘラで落とすか、再生紙ロールペーパー、つかい捨て布などで拭きとってから洗う ☐ 洗う必要のないものは洗濯しない（p.62参照） ☐ 洗剤は適量、使用する ☐ 水を出しっぱなしにしない（歯みがき、シャワーのときなど） ☐ 蛇口の水は細めに出す（食器洗いでサインペンの太さ）	☐ 米のとぎ汁は庭の隅などに ☐ 廃油は決して下水に流さないこと。古紙に吸わせて可燃ごみに（食用油はつかいきるのが一番） ☐ 台所の排水口にネット、ろ紙をつける ☐ 強力な洗浄液を流さない（汚れをためず、お湯だけできれいに）
エネルギー 家庭の電気、ガス、ガソリン、灯油の消費から大量のCO_2が発生しています	☐ 電気の契約アンペア数を見直す ☐ 電球を省エネ型に ☐ 保温調理をとり入れる（p.51参照）	☐ 夏冬の冷暖房はほどほどに（p.118参照） ☐ 電気のスイッチをこまめにきる（主電源で消し、待機電力を減らす） ☐ エアコンや換気扇のフィルター、掃除機の紙パックなど、早めのそうじ、交換を ☐ マイカーより電車、バスを利用する	

●家電製品、家具など長くつかえるものをえらび、買い替えるより修理してつかいたいものです。家族みんなでものを大切にする生活を
●衣類を買いすぎ、持ちすぎていませんか？　不用品は上手に行き先を考えましょう（p.33参照）

12カ月の家事ごよみ

1月

睦月《むつき》

January

1日 ― 元旦
6日頃 ― 小寒
（寒の入り）
第2月曜日 ― 成人の日
20日頃 ― 大寒
（寒さが一番きびしい）

今月の花

水仙
千両
万両
福寿草
寒牡丹

食養生十二品　ほうれん草

霜に当たり甘みを増したほうれん草は、腸を潤す働きがあり、カロチンも多いので免疫力を高めます。豆腐は疲れた胃腸の熱をとり、消化吸収も抜群。ミネラル豊富な干しえびを加えてスープで。胃腸にやさしい一品です。

●ほうれん草と豆腐のスープ

鍋に水3カップと干しえび10gを入れ、30分ほどおいてから煮立て、中華スープの素小さじ1/2を加える。さいの目に切った豆腐200gを加え、醤油小さじ2を加え、味を見てから、塩、こしょうでととのえる。ひと煮立ちさせ、ほうれん草120gをかためにゆでて、3～4cmに切って加える。
（エネルギー50kcal　材料は4人分）

新しい年のスタート。家族みんなが心を新たにして、気持ちよく健康で暮らせるように、今年の予定を立ててみましょう。家事、家計予算、勉強、仕事、趣味、旅行…、家族と相談しながら書きこんでいくのも楽しみなものです。

松飾りのとれる七日を区切りに、正月用品の後片づけをします。

成人の日、家族や周囲に祝われる人がいたら、心をこめて励ましを。

漆器の扱いをていねいに

重箱、吸物椀、銘々皿など、お正月の漆器を美しく保ちましょう。

乾燥に弱いので、火のそばや窓辺に長くおかないこと。沸騰した汁を注ぐと変色するので、椀種を先に入れておくなど注意します。電子レンジにかけるのも禁物です。

使用後はぬるま湯で、傷をつけないように布巾で洗います。せとものと重ねたりぶつけたりしないように。また長く水につけておくのもよくありません。お餅などがこびりついたときは、ぬるま湯でふやかして静かにとります。

洗ったあとはすぐにやわらかい布巾で拭きます。お膳や盆など大きいものは、熱い湯でかたくしぼったやわらかい布で。

漆器はつかいこむほどに味の出てくるものですから、一年に一度といわず活用しましょう。お重箱にお赤飯やちらしずし、和菓子、ときにはケーキを入れても、ふたがあるので乾かず、重宝です。陶器と組み合わせて、つかうのも楽しいと思います。

新しい漆器には独特の匂いがありますが、しまいこまずに空気を当てていると、しだいにぬけていきます。

ふだんつかわない上等なものはやわらかい紙か布を間にはさみ、すっかりくるんで箱に入れ、あまり乾燥しないところに収納します。

シクラメンを長く咲かせる工夫

花期が長く、冬の室内を華やかにする人気の鉢花。光はたっぷり必要ですが、暖房のききすぎは禁物です。気温15～20℃（夜は10℃前後）の日当たりのよい窓辺におき、風のない晴れた日は戸外で日光浴を。常に土がぬれているほど水をやってはいけません。土が乾いて白っぽくなる、葉が軟らかくなる、鉢が軽くなるなど確認して水やりのタイミングを覚えましょう。古い花がら、枯れ葉は茎の元からねじりとること。

花後は鉢土を乾かして水を与えず休眠させるか、水と肥料を与えながら管理すると

望みをもって努力することそれ自身が、すでに幸福なのです。こうして幸福の第一歩を踏み出すと、さらにまたその次の道が開けるものです。
羽仁もと子著作集「若き姉妹に寄す」“幸福になるために”より

暖房器具のフィルターをそうじして効率よく

翌年美しい花を楽しむことができます。

春の七草

セリ（田芹、水芹）、ナズナ（ぺんぺん草）、ゴギョウ（ははこ草）、ハコベラ（はこべ）、ホトケノザ（たびらこ）、スズナ（かぶ菜）、スズシロ（だいこん菜）

正月七日にはやさしいおかゆをいただき、疲れた胃にひと休み。今も受け継がれている行事食の一つです。

七草がゆ　米は洗って5倍量の水に1時間ほど浸してから強火にかけ、煮立ったらふきこぼれないようにとろ火にし、ふたをずらして40～50分かけて炊き上げる。5分ほど蒸らしたところに、熱湯でさっとゆで、冷水にとって細かくきざんだ七草（米1カップにゆでたもの1カップくらい）と塩少々を加え、混ぜ合わせる。若菜の香りと色があせないうちにいただく。

七草を生のままつかう場合は炊き上がる直前にきざんだ七草を加えて火を通します。七草の香りがより引き立ちます。

今月はここを

家庭事務コーナー

新年を迎え、新しい日記や家計簿をひらくとき。文房具、通信用品などつかいやすくそろっていますか。年賀状の整理かたがた、住所録や電話帳のチェックもしておきましょう。（p.84）

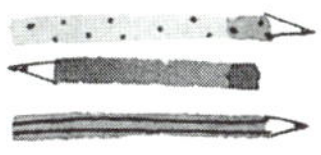

2月

如月《きさらぎ》
February

3日頃 — 節分
4日頃 — 立春
（この日から春　陰暦で正月の節）
11日 — 建国記念の日
19日頃 — 雨水
（雪は雨に氷は水になる）

今月の花

梅
節分草
クリスマスローズ
スノードロップ
クロッカス

食養生十二品　大根

立春を迎えながらも寒さの厳しい2月。知らず知らず体に力が入り血が滞りやすいとき。冬大根は甘みもあり消化を促進させ、咳止め、のどの痛みを除く効能も。寒ぶりはDHA／EPAの宝庫で、血の巡りを助けてくれます。

●ぶりと大根の煮つけ

大切りにしたぶりのかまとあら600gを熱湯にくぐらせ臭みを消す。鍋にぶりとたっぷりの水、酒100cc、しょうがの薄切り1片分を入れて強火にかけ、あくをとりながら4～5分煮る。大根600g（2～3cm厚さの半月切り）を加え、かぶるくらいの水加減で、あくをとりながら煮、大根に竹串がスッと入るようになったら、砂糖50g、しょうゆ80ccを加え、弱火で若干、汁けが残るほどに煮こむ。
（エネルギー350kcal 材料は4人分）

地方によっては雪の日も多く、まだ寒さがきびしい時期。一年中でもとくに乾燥するときですので、火の元に充分注意がいります。寒さに負けず、ときどき窓をあけて外気を入れ、ちぢこまった身体を伸ばしましょう。

古くは一年のはじまりだった立春。まだ寒いとはいえ、どことなく陽光にも明るさが感じられます。月半ばごろには梅の便りも聞かれ、春はもうすぐそこです。

暖かく過ごす室内の工夫

寒い寒いといってじっとしていると、寒さはいっそう感じるもの。こんな時期こそ積極的に手足を動かして体内のエネルギーを活性化させ、暖房器具にだけ頼る生活を見直しましょう。

透き通ったきれいなガラスは日光をたくさんとりこみます。日が落ちると急激に気温が下がりますから、カーテンや雨戸は日没前にしめましょう。カーテンの丈を長めにしたり、布を厚手にするだけでも熱の逃げ方はずいぶん違います。

ストーブの反射板、エアコンのフィルターはまめにそうじをします。移動可能なストーブは窓際におく方が、暖房効果は上がります。足元が寒いときは、扇風機を高いところにおいて温風を下へ送るのも効果的です。

ホットカーペットをビニールタイルや木の床の上でつかうときは、カーペットの下に古毛布など敷物を1枚入れると、暖かさが違うようです。

家の結露対策

冬期、ことに集合住宅では結露で窓ガラスがびっしょりになることもあるでしょう。そのままにしておくとカビが生えたり、汚れがとれにくくなります。とくにアルミサッシの結露は表面の皮膜を傷め、腐食につながりますから、その都度乾いた布で拭きとります。窓ガラスにはスクイジー（p.108参照）も便利。

暖房器具、お風呂、台所の煮炊き、洗濯もの、花瓶や金魚の水槽なども水蒸気をふやす原因になります。

窓をときどき細くあけて部屋の換気を心がけると、いくらか結露しにくくなります。換気しにくいところは除湿機の利用も効果的。ペアガラス（複層ガラス）にしたら結露が減ったという声も聞かれます。家の中の空気の流れや住居全体の断熱効果を考え

家の中にちっともガラクタがなく、よい道具だけ少しあって、その置き場所が、ちゃんときまっている。すなわち茶室のような家。一家の整頓という事務的方面の理想は、たしかにそこにあると思います。

「家事家計篇」第六章〝ガラクタのない家〟より

Window
ガラスを拭いて春の光を充分に
結露したらまめに拭く
外から帰ったら、うがい、手洗いを忘れずに
HAND SOAP
Washroom
garden
針仕事、編みものなど予定に入れる
雑草を見つけたら、今しっかり根からとっておくと、あとがらく
確定申告の準備
2512
Home Office
Kitchen
鍋ものや実だくさんの汁もので野菜をたっぷり
空気の乾燥する時期。火の元に注意
マフラーやスカーフは、コート衿の汚れ防止にも
消火器の使い方、知っていますか
Wardrobe

ることは大事です。

ゴキブリ退治は冬のうちに

暖房設備が行きとどいた現代では一年中生息しています。メス1匹で数百の卵を生み、暖かくなると一挙に成虫へと育つので、動きの鈍い幼虫のうちに退治します。

まずはゴキブリに食物を与えないこと。雑食でとくに油が好物です。夜行性なので夜の片づけの最後に、流し周辺や油コーナーをきれいにし、ゴミ箱のふたはきっちりしめ、床に食べくずが落ちていないように。換気扇に汚れがたまっていると、外からゴキブリが入ってくることがあります。

市販のホウ酸入り駆除剤を流し台の下やガス台の隙間、引き出しの奥、冷蔵庫の後ろなどにおき、定期的（3～6カ月くらい）にとりかえます。ゴキブリが食べると脱水症状を起こし、お腹の卵まで死滅します。

今月はここを

手仕事コーナー

行事も少なく、比較的落ちついて過ごせる月です。小ものづくりや編みものなど手仕事を楽しむのもいいですね。とれたボタン、繕いもの、サイズ直しの必要なものなど、そのままになっていませんか。乱雑になりがちな裁縫箱もこの機会に整理しましょう。（P.66）

3月
弥生《やよい》
March

5日頃 — 啓蟄
(冬ごもりの虫が地上に出てくる)
21日頃 — 春分の日
(昼夜がほぼ同じ長さに)

今月の花
沈丁花
椿
桃
菜の花
パンジー

食養生十二品　菜の花

植物が大地を突き破り出てくる春、エネルギーの源「陽気」が出はじめます。余寒が残っていますが、少しずつ体を動かして「気」を発し、春になじんでいきましょう。菜の花は血の滞りを散らし、ビタミン、ミネラルも豊富な野菜、旬のあさりと合わせて。

●菜の花とあさりのパスタ
菜の花1束はかためにゆでで、砂をはかせたあさり600gは殻をこすり合わせて洗う。鍋にオリーブ油大さじ2、にんにくみじん切り2片分を入れ、弱火で香りを出す。あさりを加え、強火でさっとまぜ、白ワイン100ccを加えてアルコール分をとばし、ふたをして蒸す。貝の口が開いたら、パスタのゆで汁1/2カップと菜の花を加え、塩、こしょうで味をととのえ、かためにゆでたパスタ(乾)400gと合わせる。(エネルギー485kcal 材料は4人分)

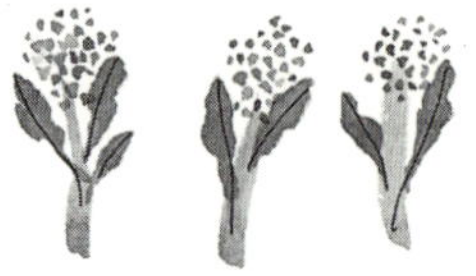

学校は学年末、官庁は年度末と、社会的な一つの区切りの月です。

一年間の子どもの成績表や図画、工作などを整理して、新学期からの"子どもコーナー"を一緒に考えてみましょう。

厚い冬のコートは下旬からそろそろ片づけにかかります。

早春の花がいっせいに咲き出し、梅の一枝、菜の花の一輪が家の中を明るくします。三日は桃の節句。おひな様を飾って女の子の成長を祝う家もあるでしょう。

スクイジーでガラス拭き

幅広のゴムベラのようなスクイジーをつかうと、短時間でらくにきれいになります。

まず、水をガラス全面にスプレーし、ぬれタオル(またはスクイジーについているスポンジ)で全体にのばす。

次に、スクイジーを縦にして上端の左から右へ動かし、最後に少し残った右端を上から下へとひとこすり。たれてくる水を乾いた布で拭きとる。

ゴムをガラス面にぴったり当てて動かすのがコツ。排気ガス、雨水のはねなど、汚れのひどいときは洗剤液を吹きつけて、スクイジーでこすりとったあと、もう一度水をスプレーして同様にくり返します。

サッシ溝のそうじ

サッシのそうじは窓の汚れを落としたあとに。乾いたサッシ用のブラシ(毛足が4~5㎝あるもの)をつかい、レールの溝、ガラス戸の重なる部分や四隅の角も、ブラシをぐっとさしこむようにしてたまった泥やゴミをかき出します。そうじ機で吸いとり、雑巾で拭けばきれいになります。サッシに水を流すと建ものを傷めることがあるので、控えましょう。

引っ越しのごあいさつ

転勤のシーズンです。引っ越しは不用品を整理するよいチャンス。ゆとりをもって計画を立てましょう。さまざまな手続きや手配も忘れないように。気がついたときにすぐスケジュール表に書きこんでいくと、あわてずにすみます。

ご近所とはこれから朝夕顔を合わせ、何かのときはお世話になるかもしれません。なるべく家族そろって、早いうちにあいさつにいきましょう。お向かいと両隣、集合住宅なら上下のお家や同じ階に住む方にも。

家屋の外側のほこり
はらいにはポリバタキ
が重宝
外回り用そうじ
道具置き場や
物置の整理
サッシの溝も
そうじを
大風後のガラスは
外側にはたきをかけてから
拭くとらく
Exterior
Laundry
風がつよいので
洗濯ものはしっかり
とめて！
厚手のものから
セーター洗い
Home Office
子どもにも
小づかい帳を
3～4月は税金や
卒業、入学などで物入り。
早めに心づもりを
primula
pansy
春花壇の苗の
植えつけ
花木類は
花の終わったものから
お礼肥え
Garden
花粉症対策。
帰宅したら玄関で
上着にブラシかけ。
出かけるときは
マスクを！
Entrance Hall

つくし摘み

うららかな春の日に、子どもと野原に出かけて摘み草を。なんといっても形がユニークなつくし、持ち帰って春の香りを調理しましょう。ちょっとほろ苦い自然の味を子どもたちはなんと感じるでしょうか？

つくしの当座煮　穂先が開いて花粉が飛び出す前のまだしっかりとしたものを根は残して（来年のために）摘み、はかまを全部とって洗い、熱湯にさっと通してから、しょうゆと酒で炒りつける。甘みがほしければみりんか砂糖少々を加えます。

今月はここを

子どものコーナー

部屋の一隅でも自分で管理できる場所があれば、子どもはどんなにうれしいでしょう。子どもなりの責任感も生まれます。春休みを機会に落ちついて勉強したり、本を読んだりできるコーナーをぜひ実現させ、日常のよい習慣も身につくように。玩具、文具、衣類のおき場をきめて自分で管理できるようにします。身長に見合った机の高さの確認も大切。

A
B
C

一つの家庭《いえ》を本当の意味で、正しく明らかに愛深きものに成長させて行くこと、それが出来る人は大人物です。中心人物は主婦であっても、夫も子供も、この大切な家庭に対して、それぞれ責任の立場を受け持っている一人一人です。

「みどりごの心」〝我々の住む所〟より

4月

卯月《うづき》

April

5日頃 — 清明《せいあい》
（草木の芽がはっきりしてくる）

20日頃 — 穀雨
（春雨が穀物の発芽を促す時期）

29日 — みどりの日

今月の花

桜
藤
花水木
勿忘草《わすれなぐさ》
チューリップ

食養生十二品　たけのこ

心身ともにのびのびとしたい春爛漫の４月。たけのこの切り口に出る白い粉は新陳代謝を活発にし、抗ストレス作用もあるアミノ酸、チロシンです。体を起こす働きのある酢を使ってすっきりした味の一品。

●たけのこと豚肉のさっぱり炒め

豚肉もも薄切り200g（細切り）に下味（塩小さじ1/3、酒・片栗粉各小さじ1、こしょう）をつける。中華鍋で肉を油大さじ１で炒め、とり出す。油大さじ1/2をたし、にんにくみじん切り２片分、せん切りにした水煮たけのこ200g、もどしたきくらげ5g（乾）を炒め、合わせ調味料（しょうゆ大さじ2、酢大さじ1/2、酒大さじ1、砂糖小さじ1、豆板醤小さじ1/2）を入れ、肉をもどし水溶き片栗粉（片栗粉小さじ1）でとろみをつけ、せん切りねぎ1本分を加える。

（エネルギー230kcal　材料は４人分）

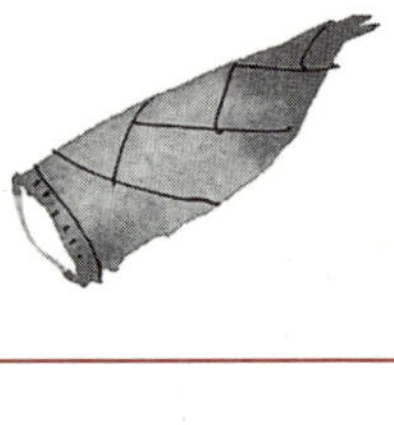

本格的な春の訪れとともに入学、進学、就職と新しい一歩をふみ出すとき。

家事分担や基本時間を見直して、家族それぞれの変化に応じた暮らし方を話し合い、無理のないように生活のリズムをととのえましょう。

新学期がはじまります。子どもの持って帰るお知らせには必ず目を通し、必要なことは落ちなくメモして、登校時にあわてないよう心したいもの。

暑いほどの日があるかと思うと、思いがけず雪の舞うような日も。温度計を見ながら衣類、寝具の調節をまめに。五度の違いは衣服一枚分に相当するといわれます。

暖房器具は手入れをていねいにして、秋に気持ちよく使用できる状態で片づけます。

冬もののしまい方

衣がえの季節です。冬ものはクリーニングに出すもの、簡易クリーニングするもの、自分で洗うものなど汚れ具合を見ながら片づけていきます（詳しくは小社刊『洗濯上手こつのコツ』をご覧ください）。

最近はクローゼットのある家もふえ、1年中ハンガーにかけたままで収納する場合も多くなりましたが、かっちりと仕立てた紳士服ならともかく、やわらかな布地の婦人服などは形くずれすることもあります。

布地にとって一番よいのは、どこにも重みがかからず、平らにおかれた状態だといいますから、服によってはめんどうでも容器に入れて年2度の入れ替えをするとよいでしょう。容器は防虫剤が有効に働くようにふたのぴったりしたもの、また浅めの箱を重ねたほうが衣服のためによいのです。中の品名を箱に記しておくと出し入れに便利。ふたをするとき、薄いもの1枚分ほどのゆとりがあると、ふんわりと収納できます。1枚多くつめこんだためにふたに押しつけられて、大切な衣服を台無しにしないように。背広といっしょのときは婦人ものを上に。防虫剤は四隅と上にのせます。

ベルベット、黒い服、厚手のコート、毛皮、革コートなどアイロンかけのむずかしいもの、折り目をつけたくないものは衣服に合ったハンガーにかけ、カバーをします。ベルベットは一重のガーゼ1枚を当て布につかい、スチームアイロンを浮かせながら低温でゆっくりかけますが、折り目は大変とれにくいものです。

網戸をきれいに

窓をあけて風を入れる季節になると、網戸の汚れが気になります。目づまりを防ぐ

主婦も年１回は
冬の衣類を
順次しまう
ほとんどのハーブの種まき適期

には、荷造りひもでつくるポリバタキ、そうじ機の丸ブラシなどでまめにほこりをとるとよいのですが、はずせる網戸はときどき水を流せる場所に持っていき、シャワーやホースで勢いよく水をかけるとさっぱりします。力をかけると網の部分がたるむので、ブラシかけは縦・横と網目にそって慎重に。自然に乾かしますが、アルミ枠は布で水けを拭きとります。

網戸の張り替えもかんたんにできますから、覚えておくとよいでしょう。

ペットの予防注射

生後3カ月以上の犬には、生涯1度の登録と年1回の狂犬病予防のワクチン接種が義務づけられています。4月に保健所が実施する機会を逃したら、近くの獣医院で。

蚊が媒介するフィラリア症はじめ、犬にも猫にも伝染性の疾患がふえています。よい予防薬が開発されていますので、生後2カ月を過ぎたら獣医師に相談しましょう。

今月はここを

本、情報、パソコンコーナー

子どもコーナーにつづいて、大人の本棚を点検しましょう。新学期とともに学校関係の書類もふえる時期です。切りぬき、パンフレットなどの分類を見直し、ためないうちに整理しましょう。（p.87）

子供の棲む所は、それは家庭であっても学校であっても、共に楽しい世界でなくてはなりません。そうして子供には子供の望む楽しさがあり、若いものには若いものの望む楽しさがあり、男女、老人と皆その望むところがあります。

「家庭教育篇」下巻〝家庭の常識と学校の常識〟より

5月

五月《さつき》

May

2日頃 — 八十八夜
（立春から数えて88日目）
3日 — 憲法記念日
5日 — こどもの日
6日頃 — 立夏
（この日から夏　春分と夏至の中間）
第2日曜日 — 母の日
21日頃 — 小満
（草木が成長し満ちあふれる）

今月の花

バラ
ライラック
クレマチス
アマリリス
皐　月

食養生十二品　かつお

初がつおは気力を増し精力をつける魚。玉ねぎの硫化アリルは抗コレステロール、抗ストレス、整腸作用など、多くの効能が認められています。生玉ねぎの殺菌力を生かし、吸収効率のよい生食で。

●かつおのカルパッチョ

新玉ねぎ中1個は薄切りにして水にさらす。ソースの材料（にんにく・しょうがのみじん切り各1片分、しょうゆ・酢各大さじ1 1/2、ごま油・オリーブ油各大さじ1/2、ラー油）を合わせる。器にさらし玉ねぎをしき、スライスしたかつおのさし身200gを並べ、薄切りにしたトマト中1個を盛り、ソースをそえる。
（エネルギー110kcal 材料は4人分）

新緑のさわやかな季節。窓を大きくあけて、家の隅々まで風を通します。連休の雑踏や交通渋滞にまきこまれない独創的なレクリエーションプランを、家族中で練ってみてはどうでしょう。家の近くの散歩でも、藤棚やバラの垣根など思いがけない発見があるかもしれません。

やがて訪れる梅雨に備えて、屋根周辺の雨もりの修理、雨具の点検を忘れずに。

戸外の虫の活動も活発になり、若葉、若芽がいつの間にか食べられていることがあります。毛虫退治も必要。

雨どいのそうじ

塩化ビニール製の雨どいは腐りませんが泥がたまると重みで割れることがあります。春の黄砂のあとや梅雨、台風シーズンの前には点検とそうじを心がけましょう。落ち葉がつまっていることもよくあります。

そうじは、といに直接ふれないようにはしごを立てかけ、柄つきタワシなどでこすると、こびりついた泥もよく落ちます。

紫外線（UV）に気をつけて

皮膚に悪影響を及ぼす紫外線の害が心配されています。戸外でスポーツをするときはもちろん、洗濯ものを干したり、買いものに行くのも、1日のうちで最も紫外線の量の多くなる時間帯（午前10時〜午後2時）を避けます。曇天でも紫外線の中の長波長（UVA）の量はかわりません。紫外線対策にはつばの広い帽子、日傘をつかうだけでなく、えりや袖のある服を着たり、重ね着するのも効果的。UVカット素材の衣服も出まわってきました。淡色よりも濃色、厚地で目のつんだものの方がUV透過率は低いのですが、濃色は光を吸収しやすいので暑く、汗でぬれると透過性を増すので、かえって注意がいります。長時間でなければ日焼け止めクリームやファンデーションの使用も、かなり有効です。

紫外線は目の充血、視力への影響、白内障の原因になる場合もあるので、サングラスで目を保護するのも大事です。年齢とともに抵抗力が弱るので、外出には用意するとよいでしょう。買うときは家庭用品品質表示法で〝サングラス〟と明記したラベルのついたものを。街頭で安価に売られているものには、目を保護しないばかりか、かえって悪くするものもあります。

それぞれの見識を持ってそうしてそれを面倒がらずに照らし合わせる親しさと努力を持っている家族、それこそほんとうに融和し得る家族です。

「みどりごの心」〃一家総動員〃より

台所の棚や
流しの下を
そうじして
風を通す

乾物を献立に組み入れて古いも
のが梅雨を越さないように(P.46)

鉢物はこれからが生長期。
窮屈そうなものは
植え替えを

紫外線が最も多い
のは10～14時。
つばの広い帽子、
衿や袖のある服で
対策を

冬の衣類、寝具の最後の片づけ

朝顔、松葉ぼたんなど、
発芽適温の高い植物の
種まき

梅雨に備えて
家の周囲の水はけ、
雨どいの点検

クリーニングからもどった服は、
ポリ袋をはずして保管

パソコン、オーディオ機器の手入れ

精密機器ほど水分を嫌うもの。スイッチ部分やボタンの操作部分に水が入ると故障の原因になったり、ディスプレイ部分がぬれると静電気が起きたりしますから、やわらかい乾いた布でのから拭きが基本です。傍らに布を用意しておき、汚れはすぐ拭くように。細かい所には綿棒が便利です。デスクトップのキーボードはいつも清潔な手で扱い、ふだんはカバーをかけておきます。コードレス電話は、充電器と子機の充電端子が汚れていると充電に時間がかかるので、月に一度はから拭きします。

どの機器もアルコール、シンナー、ベンジン類や熱い湯、石けん、クレンザー、ワックスなどは、文字が消えたり塗装がはげることがあるので避けること。

今月はここを

食品貯蔵コーナー

乾物、調味料、保存食品などの貯蔵場所を清潔に。缶詰、レトルト食品、麺類なども点検、整理します。保存のきく食品も長くおくと味が悪くなり、場所もとりますから、3ヵ月を目安につかいきるように買いものの予定を考えます。手づくりの保存食品は食卓を豊かにしますが、おいしく食べられる適量の見きわめも大切。

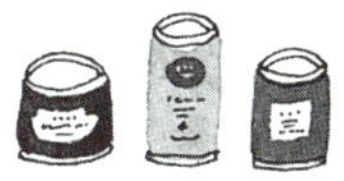

6月

水無月《みなづき》

June

6日頃 — 芒種《ぼうしゅ》
（田植えの目安　穀物の種まく頃）
11日頃 —入梅
21日頃 — 夏至
（昼間の時間が一番長い）
第3日曜日 — 父の日

今月の花

紫陽花
花菖蒲
夏椿
アガパンサス
山梔子《くちなし》

食養生十二品　そら豆

湿度が増し、ジメジメと過ごしにくい6月。体の水分調整を意識しましょう。旬のそら豆はまさに適役。むくみ解消のみならず、食物繊維も豊富で便秘改善効果も期待できます。熱に強いビタミンCを含んだ新じゃが芋とポタージュにして。

●そら豆と新じゃがのポタージュ
そら豆300g（むきみ）はさやから出して塩ゆでし、甘皮をむく。玉ねぎとじゃが芋各中1個、セロリ1/4本はスライスして炒め（バター20g）、水500cc、スープの素1個、ベイリーフ1枚を加えて水が半量になるまで弱火で煮る。ベイリーフをのぞいてミキサーにかけ、ひと煮立ちさせて塩、こしょうで味をととのえる。これに生クリームと牛乳各100ccを加えて温める。
（エネルギー250kcal 材料は4人分）

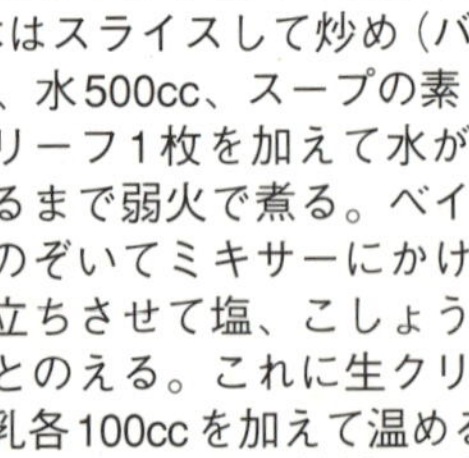

雨の多い月ですが、農作物にとっては大切な恵みです。昼間の時間が一年で一番長いので、集中して何かにとりくむこともできるでしょう。貴重な晴れ間を上手に利用して、清々しく過ごしたいもの。

十日前後からうっとうしい梅雨に入ります。家具の配置や間仕切り、戸、障子のあけ方など工夫して、風通しのよい夏の家に模様がえすると気分も一新。

雨の日はなるべく窓をあけないように。晴れた日は押し入れ、戸棚をあけ放ち、引き出しもぬいて風を通し、日に当てます。

布巾、まな板を清潔に

いつもからりと乾かしておくことが何よりの除菌対策です。早く乾かすにはどちらも干し方やおき場所にひと工夫を。洗った食器を拭いた布巾なら、後片づけの最後にお湯でていねいにもみ洗いすれば、衛生上の問題はありません。日光消毒ができないときや生乾きにはアイロンをかけると効果的。黄ばみ、しみ、全体のうす汚れには漂白を。木製のまな板は細菌の温床になりやすいので、洗剤でよく洗って熱湯消毒すると乾きも早くなります。ひどい油汚れや生臭さはクレンザーで落します。つかい勝手や好みはともかく、プラスティック製は吸湿しないので衛生的です。黒ずんだら漂白を。家庭でできる簡単で確実な除菌法は、調理直前にまな板や布巾にグラグラの熱湯をかけること。食中毒菌は高熱に弱いのです。

カビはなぜ生える

カビが一番きらうのは風通しのよい乾燥した場所です。カビの好物は糖質類、小麦粉1粒が1つのカビの胞子にとっては、自分の体の約1000倍の食料を確保したことになって繁殖しつづけます。食品ばかりでなく、建築内装材、ごみやほこりさえも栄養源にします。家の中に風を入れ、湿気を飛ばし、ほこりをためない、カビのきらいな環境をつくりましょう。

浴室の換気もカビ対策の重要なポイント。その日の湿気はその日にとるように、この時期こそ換気窓や換気扇の効果も見直してみます。下駄箱や押し入れ、洋服ダンスの中の除湿も心がけたいもの。ピカピカに磨いた靴、クリーニングした背広、手入れずみの革コートでもカビがボツボツと浮き出すことがあります。市販の除湿剤なども試してみては。

挿し木、挿し芽をする

梅雨期は一雨ごとに驚くほど植物が成長

Window
雨のふらない日は
窓を開けて風を通す
留守がちの
家庭では、
除湿機も便利
スリッパ、
いすカバーなどを
夏ものにして
さわやかに
畳、ソファーも
乾いた布で
から拭きすると
さっぱりする
Living Room
浴室の換気を充分に。
最後に浴槽や床をタオルで
さっと拭いておくと
カビ防止に効果大
Bathroom
傘は使ったら
なるべく早く広げて乾かす
Entrance Hall
ぬれた靴は乾くまで休ませる
春花壇から
夏花壇へ
模様替え
やっとオクラも
まき時に
気温、湿度ともに
挿し木の適期
garden
まな板、
たわし、
布巾を
いつも
からっと
食中毒の発生しやすい
時期。冷蔵庫を
過信しないこと
Kitchen

します。発根も盛んなので挿し芽には絶好の季節。庭木ではツバキ、サザンカ、アジサイ、バラ、ローズマリーなど。草花や観葉植物ではキク、コリウス、インパチェンス、アメリカンブルー、ゼラニウム、ポトス、トラデスカンチアなど、ほとんどの種類ができます。

挿し木・挿し芽のし方　1枝の先端や長い部分を10㎝くらいに切り、水分の蒸散を防ぐため葉は小さく切り落とす。鋭利で清潔な刃物で茎を斜めに切り、1時間ほど水につける。平鉢や底に穴をあけたいちごパックに小粒赤玉土かバーミキュライトを8分目ほど入れて水で充分湿らせる。割箸で土に穴をあけ、水揚げした枝を挿しこむ。根は枝の節から出るので、1節は土の中に埋まるように。風や雨を避けた半日陰において水を切らさないように管理すると、2〜3週間で発根するので鉢などに植え替える。

今月はここを

玄関・収納コーナー

家の顔といわれる玄関を、気持ちよく出かけ帰ってきてほっとする場所に。家族の靴の適量を知り、よくはく靴、たまにはく靴の収納場所を分けてすっきりさせます。

木でも草でも、毎日どのくらい伸びてゆくかは見分けられませんけれど、日々休みなく成長してゆくからこそ、大きく育つことができるのです。私どもも目立つ成長はできなくても、たゆみなく進んでゆきたい、新しくなりたいと思います。

「友への手紙」〝新婚の友と語る〟より

7月

文月《ふみづき》

July

7日頃 — 小暑
（梅雨が明け、暑さが増す）
20日 — 海の日
23日頃 — 大暑
（暑さがもっともきびしい）

今月の花

露　草
時計草
蛍　袋
ハイビスカス
夾竹桃

食養生十二品　きゅうり

夏は体の中に暑熱が充満する季節。適度に発汗、発散させて暑気払い。冷房や冷飲料ばかりは逆効果。体の中を涼しくする夏野菜で夏バテ予防を。みずみずしいきゅうりは熱を冷まし利尿効果もあります。食欲を亢進させるみょうがと健胃作用のある青じそで即席漬けを。

●きゅうりの梅肉即席漬け
きゅうり4本は粗塩をふって板ずりし、冷蔵庫で30分～1時間冷やす。たくあん50gは細い拍子木切り、青じそ5枚はせん切り、みょうが1個はみじん切り、梅干し（大2～3個）は種をはずして包丁でたたく。きゅうりの塩を洗い流し、上下を切り捨て、すりこぎでかるくたたき、ひと口大にちぎって梅肉と和え、たくあん、しそ、みょうがを加える。食べるときにかつお節をまぶす。
（エネルギー30kcal 材料は4人分）

梅雨があけると急に暑くなります。家の中を涼しげに、夏らしくととのえましょう。親子いっしょに過ごす時間が多くなりますね。外回りのそうじ、水をつかう仕事など家族みんなでするとはかどります。お料理や後片づけも協力し合って楽しいひとときに。

洗濯ものもパリッと気持ちよく乾きます。いつもは手をかけられなかった白いものを、真っ白に洗い上げる技術を会得するよい機会。家族といっしょに夏休みの旅行の予定を立てましょう。

ガラス食器をピカッと美しく

繊細で涼しげなガラスの器は夏にぴったりですが、汚れが目立ちやすいもの。ふだんつかっていると、いつの間にか水垢やほこりがついてくもってきます。ときどきていねいに洗って、ガラス本来の透明感をよみがえらせましょう。

40℃くらいの湯に洗剤を薄めに溶かしてやわらかいスポンジで洗います。カットグラスのカット部分は、レモンの皮に塩をつけてこするときれいになります。くぼみの落ちにくい汚れはクレンザー2、漂白剤1の割合で練り合わせ、歯ブラシにつけて磨きます。

湯ですすぎ、洗剤分をよくとって水けをきり、麻のようなケバの少ない布で磨くように拭きます。

留守中の観葉植物の水やり

乾燥に強いものは出かける前にたっぷり水を与え、二重鉢（大きい鉢の中に鉢ごと入れる）にして戸外の木陰など涼しい所におく方法もありますが、「毛細管作用」（シクラメンなどでつかわれる底面給水鉢もその1種）を利用した手軽な製品がいろいろ市販されています。仕組みをよく理解して活用できれば安心です。一般的なものでは、水をためた丈夫なポリ袋に不織布のひもを浸し、もう一方のひもの先を鉢土に差しこんでおくと、ひもを伝って上昇した水が鉢土に給水されるタイプ。

また水を入れたペットボトルのふたの部分にかんたんなプラスティック製の道具をつけて、とがった先を鉢土に差しこむだけのものもあります。これは土が乾くと、とがった部分の小さな穴から土壌中の空気がペットボトルに入り、その分だけ鉢土に水が流れこんで、土が湿ると給水が止まるという重力を利用した方法です。いずれにしても供給できる水量が限られるので、あらかじめ何日間つかえるか試す必要があります。1鉢に1セット揃えます。そのほか手

すだれやカーテンで
日ざしをさえぎると、
冷房効率アップ
朝の涼しさは
10時ごろまで
2週に1度はエアコンの
フィルターそうじ

庭木を刈りこんで
風通しよく

日傘にも

冷蔵庫の開閉は
手早く、回数少なく。
設定温度は5℃がめやす

洗濯は水と洗剤を
適量に
外出着は、汗をかいた
ところに霧をたっぷり
かけておくのもよい
植物の根元を、腐葉土や
刈り芝でおおって乾燥防止

家計簿上半期の決算と
後半の検討を
夏休みの
スケジュール表づくり

持ちの水槽などと組み合わせて幾鉢か同時に給水するビニールチューブ製のものもありますが、水槽が鉢より高いとサイフォン現象によって過剰に給水されるので注意します。

水着の手入れ

プールや海で着る水着は、脱いだまま放っておくと塩分や塩素などによって生地が傷んだり変色することがあります。脱いだらすぐ水ですすぎ、砂などの汚れも落としておきましょう。帰ったら水2リットルに液体中性洗剤小さじ1杯を溶かした中で手洗いしてよくすすぎ、脱水機に10秒くらいかけます。風通しのよいところで陰干しに。水着の洗剤洗いを禁止している学校もありますが、その場合は水でよくよく洗います。自分で洗う習慣がつくように。

今月はここを

洗濯コーナー

必要な道具が手近に揃っていますか（p.62）。洗濯機をまわす大洗濯、ハンカチ、靴下など子どもにもできる小洗濯、汗をかいた服を脱いですぐする「水通し」など、洗濯にもリズムがあります。漂白、糊づけ、アイロンかけそれぞれをていねいにくり返すうち、洗濯上手になっていきます。

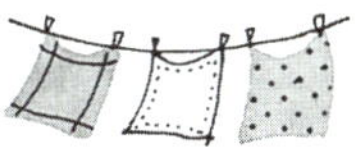

よいと思って本気で実行したことが悪かったら、また出来なかったら、やめればよいのです。骨折り損は愚かだと賢ぶってはなりません。頭の中の計画を実行してみるのは、ちょうど自分の心の姿、力の姿を明鏡の面に映し出すようなものです。

「みどりごの心」〝みどりごの心〟より

8月

葉月《はづき》

August

6日 — 広島原爆の日
7日頃 — 立秋
（この日から秋　夏至と秋分の中間）
9日 — 長崎原爆の日
15日 — 終戦記念日
23日頃 — 処暑
（暑さもおさまる）

今月の花

向日葵
朝　顔
山百合
ホリホック
百日紅

食養生十二品　ゴーヤ（苦瓜）

暦の上では秋を迎えても暑い日が続きます。ゴーヤの苦みは抗酸化物質。ビタミンも多く含み、夏バテ、疲労回復には最適です。水分代謝を整える作用のある鶏肉と合わせたさっぱりサラダをどうぞ。

●ゴーヤのごまドレッシングサラダ
もやし250gはさっとゆで、水けをかるくしぼり、パプリカ（黄）1/2個は半分に切り種をとって細切り、鶏ささみ肉2本は酒蒸しにしてさく。ゴーヤ100gは塩で板ずりして水で流し、縦半分に切ってわたをとり、薄く半月に切る。苦みの気になる場合はここで熱湯に通す。ごまドレッシング（すりごま・レモン汁各大さじ1、マヨネーズ50g、しょうゆ小さじ2、塩、こしょう）をかけていただく。
（エネルギー85kcal　材料は4人分）

早起きして午前中が長いと、仕事がはかどり、午後をゆっくりと過ごすことができます。朝の涼しい時間を生かしましょう。子どもたちとの三度の食事。豊富な旬の野菜をつかった食欲の増す献立を考えて、充分な栄養補給を。簡単にすませがちな昼食に、アイディアを出し合うのも夏休みならではです。少しの時間でも昼寝をすると、体力が回復します。暑さを乗りきるには疲れをためないように。三十度以上の日が続くときは、朝夕の植物の水やりを入念にします。月末になるとそろそろ台風シーズンです。

節電の努力を

クーラーのおかげで夏も快適に暮らせる現代ですが、路地裏に一歩入ると、あちらの家からもこちらの家からもすさまじい熱風が吹き出て、巨大な電力が真夏の街を暖めていることに気がつきます。みんなが室内の設定温度を冷房時で1℃高め、暖房時で1℃低めに設定すれば約10％の省エネルギーになります。1人の生活、1軒の家と地球とのつながりを、家中で話し合って夏休みの課題にしてもよいでしょう。

家の中にあるそのほかの電気器具はどうでしょうか。待機電力も使用量の約10％に及ぶとか。見ていないテレビの主電源をきる、携帯電話の充電器も終わったらコンセントをぬく、また電気ポットは長時間保温するよりつかうときに沸かすなど、身のまわりのできることから実行し、小さな努力を大きな力に変えるきっかけに。

衣服の暑さ対策

白い服の熱吸収量は、黒い服の約1／3です。外に出ると、ふりそそぐ光線はもとより、熱くなった道路や建物の壁からの放射熱も全身に浴びることになります。白い服には放射を反射する性質があり、黒い服にはあらゆる放射を吸収して熱に転化する性質がありますから、涼しく過ごすためには白い服を着るのが合理的です。夏服には白に準じた薄い色のものを多くするなど、衣服計画の参考に。

アクセサリーをきれいに

汗や手垢でいつの間にか黒ずんでしまう銀のアクセサリー。くさりは、てのひらに乗せて重曹をふりかけ、水を少したらして指先でかるくもみ洗いします。彫金のブローチや指輪はやわらかい布に重曹をつけてこすります。細かい細工があってとれにくいときは、水1カップに重曹小さじ2杯を溶かして1〜2時間つけてから、やわらか

Living Room
わずかな昼寝で
元気がでる
COOL
部屋を冷やし
すぎないように、
エアコンの
設定温度に
気をつける
garden
帽子と日傘は
日よけ効果大
倒れそうな
植物に支柱を
立てるなど
台風対策を
ござや氷枕で
熱帯夜対策
Bedroom
Exterior
台風に備えて
内外を点検
水やりは朝夕
たっぷりと
暑さに負けない
食事づくり。
目にも涼しく
盛りつけを
網戸やすだれを
そうじして、
風通しよく
冷蔵庫の
詰めすぎに注意
Kitchen
Window

夏は暑くとも、少し奮発すれば、あたりの溌剌たる生気につれてかえって働きよい時です。働きよいのはすなわち最も休息の真味を解しよい時であります。

「思想しつつ生活しつつ」上巻〝休息〟より

今月はここを

食器・器具コーナー

食事のたびに出し入れする食器は見やすく、手の届きやすい場所に。ときどき使うものは種類別に分類して必要なときすぐつかえるように。鍋・調理器具の持ち数を点検して、おき場の見直しもします。戸棚にしまうときは、完全に乾いてから。かがまないで出し入れできる場所だと動作がらくです。最近多くなった引き出し式などもつかいやすいもの。

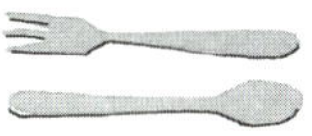

な歯ブラシでこすります。重曹は弱アルカリ性で効き目は穏やか。金やメッキ製品もはげることなく、驚くほど光沢が出ます。

真珠などのネックレスは汚れを糸が吸収するため、絹糸が湿気で弱ってきます。片手で一方を持って吊り下げ、すき間ができるようでしたら、糸の替えどきと考えてください。指輪の石を止めている爪も、手にひっかかるようなら甘くなっているので、石が落ちないうちに修理しましょう。真珠やオパールなど宝石の中には酸に弱いものがあります。水けや石けん、くだものの汁などにも触れない方がよいので、手を洗うときなど外すことをおすすめします。

9月

長月《ながつき》
September

1日頃 — 二百十日
8日頃 — 白露
（草の葉に白い露がつく）
第3月曜日 — 敬老の日
23日 — 秋分の日
（昼夜がほぼ同じ長さに）

今月の花

芙蓉
吾亦紅
松虫草
ジンジャー
ダリア

食養生十二品　きのこ

秋は急激に空気が乾燥し、肌荒れやのど、呼吸器が気になる季節。一方、大地は実りのとき。夏疲れも残っているので、まずは胃腸をととのえましょう。低エネルギーで食物繊維が豊富なきのこをたっぷりと。えのき茸やしめじにはスキンケア効果も期待できます。

●きのこご飯

しめじ茸1袋は石づきをとり、えのき茸大1袋は4～5cm長さに切り、エリンギ1袋は3～4cm長さの薄い短冊に切る。きのこは3種合わせて450gほどに。きのこを鍋に入れ、しょうゆ大さじ3、砂糖大さじ1 1/3、酒大さじ2 1/2をまわし入れ、中火で汁けがなくなるまで煮る。ふつうに炊いた米3合に混ぜていただく。
（エネルギー340kcal 材料は4人分）

台風がいくつかすぎるうちに、残暑も次第にやわらいできます。日中はまだ暑くても朝晩はめっきり涼しくなるので、衣服や寝具の調節を上手に。空気の乾燥しているうちに、夏服を少しずつ片づけ、合着に替えます。気候の変わり目には体調にも気をつけ、健康でさわやかな秋を迎えましょう。

敬老の日。身近に老人がいなくても、いずれは自分たちにも訪れる老年期の現実、将来の姿について思いをめぐらしてみることも必要です。

夏の家具の後始末

来年また気持ちよくつかえるように、手入れあとはよく乾かして、カビが生えないように乾燥した場所にしまいます。

すだれ——小ぼうきで、すだれの目にそってほこりを払い落とし、汚れが少なければから拭きする程度でよい。屋外で雨風に当たって汚れたものは、水200ccに住居用洗剤5ccとアンモニア水2ccを混ぜた液をつくり、かたくしぼった雑巾で拭くかブラシ洗いをする。ビニール製は押しつぶさないように、また穴に液が入らないように気をつける。きれいな水で仕上げ拭き、から拭きをし陰干しでよく乾かす。竹やよし製は防虫剤を入れること。

籐いす——すだれと同じ要領で。細かい部分には歯ブラシをつかう。完全に乾いてから家具用のつや出し油（オセダーなど）で拭きこむとよい。皮をむいた籐いすの黒ずんだ肘掛けなどは、水1カップに蓚酸大さじ2～3杯を加えて歯ブラシでこする。収納のときは防虫剤を。

パナマ——クッション、シーツなどはぬるま湯2リットルに中性洗剤大さじ2杯を溶かし、かたくしぼった雑巾で拭く。水拭きで洗剤分をとり、陰干しを。少しでも湿気が残っていたり、ビニール袋に入れるとカビの原因になるので紙に包んでしまう。

エアコンのそうじ

使用中は週に1度フィルターのほこりをそうじ機で吸いとります。シーズンの終わりには、カバーをはずし、内部のほこりもそうじ機でていねいにとり除きます。数年に1回くらいは専門店に整備点検（オーバーホール）してもらうとよいでしょう。

お月見

中秋の名月。月見だんごを子どもといっしょにつくり、秋の七草を供えてお月見を。秋の七草はハギ、ススキ、オミナエシ、ナデシコ、クズ、キキョウ、フジバカマ。

物の軽重大小を間違いなくわかる人になるのには、平生自分でよく物を考えたり、よく気をつけて、世の中のことを見たり聞いたりしなければなりません。

「若き姉妹に寄す」"少女と語る・二十九　友だちとの約束"より

夏服を片づけるとき、補充したいものをメモしておく
常緑樹の刈り込み、枝すかしは今月まで
秋冬野菜の種まきと苗の定植

家族皆で非常時の心構え、約束ごとなど確認

秋の長雨の前に、夏寝具、海山の旅行用品の片づけを
水（常備）の保存状態、予備電池のチェックも
エアコンは室外機のそうじも忘れずに
食中毒防止のためにも食品は早めに食べる

7種そろわなくてもススキに2～3種とり合わせて。おだんごを三段四段に重ねて蒸し、高坏《たかつき》や三方（お供え用の足のついた器）に盛るのが昔からの様式ですが、それぞれのわが家風に楽しみましょう。

おだんごのつくり方　上新粉2カップに熱湯約1カップを加え、木べらで混ぜてから手でこね、2cmくらいのだんごに丸める。蒸気が上がった蒸し器で15分ほど蒸す（蒸さずにゆでる方法でもよい）。また、粉の半量を白玉粉（粉の約1／2量の水でこねて合わせる）にすると、なめらかな口当たりになります。

翌日は串にさしてちょっと火にかざし、とろりと煮たあん（水大さじ4、砂糖大さじ3、しょうゆ大さじ1、片栗粉小さじ1強）をからませ、みたらしだんごに。

今月はここを

非常持ち出し・救急コーナー

火災、台風や大地震にみまわれたとしたら、あなたは貴重品や当座必要な生活用品をすぐ持ち出す用意ができていますか。いつ遭遇するかもしれない災害に備えて、それぞれの家庭で「非常持ち出し」を用意しておきましょう。いざというときのため予行演習も決して無駄ではありません。（p.100）

10月

神無月《かんなづき》

October

8日頃 — 寒露《かんろ》
（草の葉に冷たい露がつく）
第2月曜日 — 体育の日
23日頃 — 霜降《そうこう》
（霜が降り始める）

今月の花

木犀
秋明菊
サルビア
トレニア
杜鵑草《ほととぎす》

食養生十二品　いわし

秋は青魚の季節。いわしは筋肉や骨を丈夫にし、含有脂肪酸のEPA／DHAは生活習慣病予防のみならず抗アレルギー作用も。
鮮度のよいいわしを選んで、肺を潤す働きのあるねぎをたっぷり使った和風マリネをどうぞ。

●いわしの和風マリネ

真いわし4尾は頭をとり、手開きする。白髪ねぎ（白い部分のみ）3本分をつくり水にさらし、青じそ8～10枚はせん切りに。調味料（しょうゆ・酢各70cc、砂糖大さじ2 1/2、だし50cc)を合わせ、水けをきった白髪ねぎ、青じそ、白すりごま大さじ3を加えてマリネ液をつくる。
いわしを素焼きにし、焼きたての熱いところにマリネ液をかけ、30分ほどおく。冷蔵庫で3～4日保存できる。
（エネルギー320kcal 材料は4人分）

晴れわたった高い空、澄んだ空気、快適なシーズンが来ました。運動会、ハイキング、サイクリングなど自然の中で思う存分身体を動かしましょう。ウォーキングや簡単な体操を、毎朝の習慣にするチャンスです。

豊富なくだもの、栗、きのこ、いわしやさばも脂がのってきました。味覚の秋は、料理にもいっそう力が入ります。

朝晩急に冷えて暖房器具がほしくなったとき、あわてないよう用意を。冬の衣類は早めに出して、防虫剤のにおいやたたみじわを消しておきます。

ふとんを干して気持ちよく

人間は寝ている間に、コップ約1杯分の汗をかきます。敷ぶとんはそのまま汗を吸収していますから、乾燥した晴天の日には2～3時間ほど日に当てましょう。竿2本にまたがるようにかけると通気がよく、湿気も早くとれます。ふとんたたきで勢いよくたたくと綿の繊維が切れますから、小ぼうきでほこりをはらう程度に。ふっくらと乾燥したふとんではダニも繁殖できません。さらにダニ対策としては、そうじ機の活用です。1㎡当たり20秒以上をめやすに、定期的にダニの死がいやフンを吸いとります。

敷ぶとんには吸湿性や弾力にすぐれた木綿わたがつかわれますが、厚いと重く、乾く時間もかかるので、薄くしてスポンジ状のものと組み合わせるなど工夫もできます。

ベッドのマットレスは汗を吸収しても、通気して発散させる仕組み（スプリングが動き、空気の出入りによって湿気がとぶ）になっていますが、肩と腰の当たる部分のスプリングがへたりやすいので、3カ月に1度くらい上下を逆にしたり裏返して均等にします。ときには風通しのよい部屋の壁に立てかけて湿気を完全にとれば、いっそう長持ちするでしょう。ベッドパットは汗を吸収してマットレスにしみるのを防ぐ役割りですから、たびたび干したり洗ったりします。家庭で気軽に洗える綿わた素材が主ですが、寒い季節には保温にすぐれた羊毛製もいいもの。こちらはときどき日に当てて乾燥させます。

材質にもよりますが、枕も意外に湿気を吸収しています。うっかりするとポツポツとカビが出てくることもあるので、ときにはふとんのように干しましょう。シーツやカバー類は週に1度の洗濯をめやすに。洗濯機に入れるときは平均して洗えるように短めに折って入れます。

物の急所というものは、いつでもまた必ず難所なのですから、そこさえよい方向に力を入れてグッと回転したら、もうその仕事が九分通り成就しているように思われます。

「思想しつつ生活しつつ」下巻　〝人生の急所をきめる人〟より

春に花を
咲かせる球根の
植えどき
BULBS
garden
観葉植物などの鉢ものは、
寒さに弱いものから
室内へ
Living Room
朝晩急に冷えて
暖房器具がほし
くなることも
冬の衣類を出しはじめる。
ちょっとはおるものや
小物があると便利
Window
窓辺をきれいに
そうじして秋の風を
冬寝具を用意
Closet
家計簿10カ月の
合計を一桁ずらすと
1カ月平均がわかる
秋の夜長の読書のためにも
照明器具のチェック、そうじ
Home Office
Kitchen
秋の味覚を生かし、
寒さに向かって
バランスのよい
献立を

ハンドバッグの手入れ

外出から帰ったら一度中身を全部出して中のほこりを払い、皮の表面や持ち手をやわらかい布で拭くか、ブラシをさっとかけます。ときどき保湿効果もあるクリーナーや透明クリームで拭いておくと、いつまでもツヤが失せません。

買ったときに布や不織布の袋に入っていることが多いので、収納の際に利用すると汚れや傷が防げます。古くなったTシャツやブラウスの身頃などで大きさを合わせて縫い、口元にひもを通してしめる形は、かんたんにつくることもできます。

パッキングは形くずれを防ぐために入れておきましょう。押し入れの棚、洋服ダンス、クローゼットなど収納場所の湿気には充分注意を。ハンドバッグ用の小さな乾燥剤もあります。

今月はここを

寝具収納コーナー

寝具の入れ替え時期。つかわないものから順番に手入れして片づけます。生活様式が変化していますが、押し入れはまだまだ健在です。ふとんや行李の収納に都合よく奥行きが深いため、何年も日の目を見ないものがたまりがち。デッドスペースをつくらない工夫をしましょう。押し入れ向きの収納家具もいろいろあります。

11月

霜月《しもつき》

November

3日 — 文化の日
7日頃 — 立冬
（冬の始まり　秋分と冬至の中間）
22日頃 — 小雪
（北風つよく冷えこみが増す）
23日 — 勤労感謝の日

今月の花

菊
紫式部
山茶花
ピラカンサ
サフラン

食養生十二品　さつま芋

大地の温もりを感じさせるさつま芋。便秘改善はもちろんのこと、芋類の中では最もビタミンが豊富で、生活習慣病予防やスキンケア効果まで期待できます。

●さつま芋のマッシュサラダ
さつま芋中1本（300g）は3cm厚さの輪切りにして薄く皮をむき、竹串がスッと通るまでゆで、熱いうちにすりこぎでマッシュし、マヨネーズ大さじ1、牛乳大さじ2、塩少々、こしょうを加えて混ぜる。玉ねぎ50gは薄切りにして水にさらし、セロリ10gはみじん切り。マッシュの粗熱がとれたら、水けをきった野菜と湯につけてやわらかくしたレーズン30gを混ぜ、レタス4枚の上に盛る。包んで食べても美味。
（エネルギー160kcal 材料は4人分）

文化の日を中心に催しの多い月です。よい芸術に接する機会を積極的につくりましょう。

年末の大そうじを、今月からはじめるとずっと楽です。押し入れ、戸棚、引き出しをそうじしながら、少し時間をかけて不用品の整理もいっしょにします。

障子、ふすま、壁紙の張り替えも予定に入れて、自分でしてみると案外上手にできるものです。職人に頼む場合は注文がたてこまないうちに予約すること。

空気が乾燥してきます。火の元に注意し、消火器の点検をしておきましょう。

洋包丁をとぐ

家庭用には石の目が荒すぎず、細かすぎない中砥《なかど》という砥石を常備し、週に1度といでいれば、いつでもよい切れ味です。セラミックの簡易包丁とぎは手軽でつかいやすいのですが、あくまでも当座用です。

とぎ方――砥石の下に、ぬれた台布巾を敷いて動かないようにする。包丁を水でぬらし、柄を利き手でしっかり持って表面（銘が入っている）の先端、中央、手元と4㎝ぐらいずつずらしながらとぐ（刃が手前）。砥石の中央に包丁を45度の角度におき、とぐ部分の刃先に指をしっかり当てて、上下に大きく動かす。刃先を人差し指で押さえてできる傾斜が、とぐときの正しい角度で、刃先が砥石にぴたりと密着する。ときどき包丁を水でぬらすと滑らかに動く。裏面にまくれが出たら、裏面を同じ要領でとぐと、今度は表面にまくれが出る。これでとぎ上がり。

死蔵品の行き先

早めに衣類整理にかかれば、一番よい行き先をゆっくり落ちついて考えることができます。わが家の不用品も、どこかの必需品になり得るかもしれません。

まだきれいなのに寸法が合わなくなった・色、柄、型が自分に似合わない・2〜3年全く着ていないというような服は、友人や親戚にまわしたり、クリスマスや歳末に施設へ贈りものに、また友愛セールや善意銀行へも出せるでしょう。（p.33）

着古した衣類も、よいところを残してちょっと手を加えると、わが家の愛用品に生まれ変わります。（鍋帽子p.51）

メリヤスの下着類はつかい捨て布として大、中、小に分けて切っておくと家中のそうじに役に立ちます。

私どもはいつからでも新しくなることが出来ます。朝《あした》に道をきいたら、夕をまたずに実行すればよいわけです。

「家事家計篇」〝人生の朝の中に〟より

寒さに弱い宿根草やハーブは、落ち葉などで保温
garden
落ち葉の季節。集めて腐葉土づくりを
戸棚、引き出し、押入などの整理
Closet
家の中に死蔵品はないか、年に一度は点検を
Home Office
年賀はがき、クリスマスカードの準備
年末の予定立て。障子、ふすまのはり替え、畳替えなど依頼は早めに
Kitchen
室内の鉢物は、水をやりすぎず、やや乾き気味に
By the Window
包丁を切れ味よく

ペットのお風呂

犬や猫の皮膚や被毛の汚れ、においが気になったらお風呂（シャワー）に入れてさっぱりさせましょう。

必要な道具（ブラシ、コーム、シャンプー、リンス、スポンジ、タオル、洗面器など）を手元に揃え、ブラッシングしてからはじめます。シャンプーやリンスはお湯で薄めてかけると泡立ち具合もよい調子です。洗剤のせいで皮膚炎をおこす場合もありますから、すすぎ湯が皮膚まで充分に届くようにブラシをつかって洗い流します。

洗ったあとのブルブルは、耳の中に入った水もとばしています。押さえこまず好きなだけ何回もさせた方がよいのです。洗ったあとは風邪をひかないように室温に注意。寒がりやの猫は寒い冬の間はパスしてもよいでしょう。子犬もワクチン接種が済む3カ月頃まではお風呂には入れません。

今月はここを

衣類収納コーナー

毎日着るものと季節外のものを区別して、とり出しやすく。下着は一組の予備を加えておきます。スカーフやネクタイも、見やすく出しやすければ服装のアクセントに充分活用できます。家の中から衣類の死蔵品をなくして、すっきりと新年を迎える準備をします。

12月

師走《しわす》

December

7日頃 ― 大雪
（平地にも雪）
22日頃 ― 冬至
（夜の時間が一番長い）
23日 ― 天皇誕生日
25日― クリスマス

今月の花

白 妙 菊
ユリオプスデージー
シクラメン
ホーリー
ポインセチア

食養生十二品　かき

冬は寒さから体を守り「気」を蓄えるとき。体の中から温める食物をとり、血の巡りをよくしましょう。増血効果の高い旬のかきを、ビタミンC豊富な白菜、カリフラワーとシチューで。

●かきのホワイトシチュー
生かき200gは塩水でふり洗い。鍋にサラダ油大さじ1/2を入れ、ベーコン4枚（1cm幅細切り）、玉ねぎ・じゃが芋各中1個(1cm角切り）を順に炒め、スープ（水400cc、スープの素1個)、ベイリーフを入れる。芋が柔らかくなったら白菜200g（ざく切り）、カリフラワー100g(小房に分ける）を加えて煮る。とろみづけにブール・マニエ（練りバター50gに小麦粉大さじ3を加えて練る）を加え、牛乳400ccを入れ煮立ったらかきを加え2～3分煮こむ。塩、こしょうで味をととのえる。
（エネルギー360kcal 材料は4人分）

いよいよ師走、一年のしめくくりと新年を迎える準備をします。今月は日割りの予定を立てて仕事を進行させましょう。紙に書いて見やすい場所に貼ると、ようすが分かって家族の協力も生まれます。

クリスマスの贈りものは心をこめて用意したいもの。包み紙やリボンのかけ方も工夫次第です。

古びたほうき、スリッパやサンダル、鍋つかみ、菜箸など、気になる小もの類は新年から新しくとり替えます。買いものは押し詰まらないうちに、手落ちなく。家計もそろそろまとめの準備をはじめましょう。

ポリバタキとナイロンネット

ポリバタキはポリひも（荷造り用）でつくるので、動かすときに起こる静電気の働きが、ほこりを吸いよせます。コシが強いので、ガラス、網戸、ブラインドの埃がよくとれます。汚れは洗剤液の中で、ふり洗いすると落ちます。（写真p.55）

材料　荷造り用ポリひも、はたきの棒（しっかりした細い竹、90cm、25cmくらいの長短揃えると便利）、竹串1本、パンティストッキング。

つくり方　棒の先端より1cmのところにきりで小さな穴をあけ、竹串を通す。竹串がきっちり止まったところで、串の両端を6mmずつ残して切り落とす。ストッキングの足の部分を輪のまま2cm幅に切って開き、ひも状にする（2本必要）。ポリひもを長さ30cmに折りたたむこと40回（短いはたきは20cmを35回）、棒の周囲に当てていき、先端の輪を切り離してそろえる。竹串の下をストッキングのひもでかたくしばる。ポリひもを全部棒の先に向けて返し、もう一本のナイロンひもで竹串のごく近くをしばる。ポリひもの先を切りそろえてほぐす。

ナイロンネットは、古くなったパンティストッキングをひも状にしてかぎ針で編んだもの。力の入れやすさ、汚れの落ち具合、そして材質を傷めない点で、浴槽や洗面台などのそうじの必需品といわれています。大きさは好みでよいのですが、てのひらいっぱいぐらいがつかいやすく、ストッキング2～3足で1枚できます。（詳しくは小社刊『住まいの手入れ』（ポリバタキ）、『洗濯上手こつのコツ』（ナイロンネット）をご覧ください。

クリスマスのタフィー

カラフルなセロハン紙やナプキンペーパーで包んだタフィーをツリーに飾り、クリスマスを迎える準備。タフィーづくりはお母さん、ラッピング係は子どもたち。好きな絵を描いて包んだりするのも楽しく、プ

表札、郵便受け、
門灯はきれいですか
Entrance
冬至にはゆず湯、
なんだか
ほっとしますね
Bathroom
生け垣、果樹、花木などに
寒肥え（12月下旬～2月中旬）
garden
クリスマスカードの
発送、プレゼントの
用意
Merry Xmas
シクラメン、
プリムラなど、
鉢花の花がら
摘みは早めに
By the Window
道具を
そろえて、
そうじを
能率よく
歳末助け合いなど、
収入の一部を
社会のため、
人のために
Home Office
正月用品の購入は
押し詰まら
ないうちに
家計簿の決算を前に１年を省みる。
来年の予算の心づもりも
年末年始の献立をたて
る買いもの予定
Kitchen
年賀状の宛名
書きは早めに
そうじ予定と
分担を書き出す

レゼントにしても喜ばれるでしょう。
材料（約40個分）
砂糖80g、水あめ70g、バター30g、コンデンスミルク60g、バニラオイル
つくり方　鍋にコンデンスミルク、バニラ1～2滴を入れてあたためておく。別の厚手鍋で砂糖、バター、水あめを徐々に焦がしていき、キャラメル色になったところで先のコンデンスミルクを加え、バターをぬった容器（10×17㎝）に流す。指で押さえてへこむやわらかさになったら、まな板に出して切り分ける。冷めてかたくなると切れなくなるのでタイミングよく。容器から離れないときは底をさっと火にかざす。切ったタフィーは一度オブラートに包んでから包装。

今月はここを
そうじ道具コーナー

自分の手足のように自由につかいこなせる〝よい道具〟が、いつも〝必要な場所〟にそろっていたら、誰でも毎日のそうじが面倒でなくなります。どこに何があれば能率がよいか、家中を見直してみましょう。住まいのための消耗品、石けん、紙袋、ひもなどは一カ所にまとめて分かりやすく。

私どもは無事の日を常と思わず、むしろ心がかりのあることを、人生普通のことと思うように、わが心を鍛えておかなくてはなりません。そうして無事の日を、特に与えられた恵みの時として感謝し喜びもしたいと思います。

「思想しつつ生活しつつ」上巻〝唯今主義〟より

●協力
全国友の会
神戸友の会／西宮友の会
村川協子
浜中容子

食養生12品
室賀伊都子（管理栄養士）

●アートディレクション
池口直子

●デザイン
久保田祐子

●イラスト
信濃八太郎（表紙／本文）
河田ヒロ（p.103-127）
藤立育弘（p.50, 51, 63, 96-102）
高橋えみ子（p.30-33）
堀江かつ子（p.66-67）

●撮影
境野真知子（本社）
明石多佳人（本社）

シンプルライフをめざす基本の家事

2003年10月30日　第1刷発行
2004年 2月10日　第7刷発行
編者　婦人之友社編集部
発行所　婦人之友社
〒171-8510　東京都豊島区西池袋2-20-16
電話　03-3971-0101
振替　00130-5-11600
印刷　大日本印刷株式会社
製本　株式会社若林製本工場

乱丁・落丁はおとりかえいたします

ISBN4-8292-0465-6